DIX ANS DE BOHÈME

DU MÊME AUTEUR

Les Fleurs de Bitume............................. 1 vol.
Les Poèmes ironiques............................ 1 —
La Vache enragée (roman)..................... 1 —
Le Froc (roman)................................... 1 —
Les Billets bleus.................................... 1 —
Les Voyages d'A'Kempis........................ 1 —

EMILE GOUDEAU

DIX ANS

DE

BOHÈME

PARIS

A LA LIBRAIRIE ILLUSTRÉE

7, RUE DU CROISSANT, 7

Tous droits réservés.

MINUSCULE PRÉFACE

Dans son numéro du 10 septembre 1887, l'*Intermédiaire des chercheurs* demandait où se pourraient trouver quelques détails sur ce que furent les *hydropathes*. Je répondis alors que peu de documents existaient, à part la collection introuvable du journal l'*Hydropathe*, et une plaquette de Léo Trézenick intitulée *les Hirsutes*. Cela m'avait fait remuer, en une vieille armoire, quelques très anciens papiers, où j'ai cueilli les notes suivantes, destinées à servir de base à un ouvrage de plus longue haleine sur les *hydropathes*, les *hirsutes* et le *Chat noir*, lorsque tout cela aura subi la nécessaire patine du temps, et l'estompement du lointain.

DIX ANS DE BOHÈME

I

Moi, l'auteur, je ou *nous*. — L'hôtel aux fausses truffes. — Les finances de l'État. — Francisque Sarcey. — Le café-forum. — *La Renaissance* d'Émile Blémont. — La poésie de Paris.

Le *moi* est haïssable, le *je*, perpétuel, agaçant; je les emploierai donc ici le moins possible. Toutefois, dire *l'auteur*, à la troisième personne, devient à la longue insupportablement prétentieux, et prononcer *nous* appartient aux rois ou aux évêques. Comment faire pour narrer les événements, grands ou petits, dont on a été un des principaux acteurs? Tant pis, j'entremêlerai les *moi*, les *je*, les *nous* et les *l'auteur*, en priant les lecteurs de ce livre de vouloir bien considérer que, si le *moi* des autres est profondément haïssable, chacun trouve son propre *moi* délicieux. Je compte sur cette réflexion psychologique pour me valoir l'indulgence du public, auquel je livre ces légers souvenirs d'une époque de bohème gaie, la dernière peut-être, étant donné que le pessimisme le plus noir obombre aujourd'hui les fronts et les cœurs de vingt ans.

Il ne s'agit point ici de *pontifier*, ni d'annoncer au monde qu'une génération spéciale valut mieux que ses aînées ou que ses cadettes ; mais de conter, à bâtons rompus, au cours des années, les vicissitudes littéraires ou artistiques, à travers lesquelles se murent et avancèrent des camarades, plus ou moins amis les uns des autres, mais liés par des conformités d'âges et de goûts. Si, deci delà, s'entremêle au récit quelque analyse critique, ce sera celle d'un bon enfant qui ne croit plus aujourd'hui que la littérature soit un sacerdoce, et qui trouve mauvais, hélas ! qu'au milieu de l'indifférence cruelle avec laquelle ce temps-ci accueille les meilleures productions de la poésie, on pousse très inutilement les poètes à se manger entre eux le nez, d'autant plus que plusieurs l'ont fort beau, et que tous tiennent à cet appendice. Le champ littéraire n'est point un conseil municipal où l'on doive s'égorger pour monter à la tribune, il y a de la place pour tout le monde.

Je clos là ces réflexions, et je commence par *mon* commencement.

J'avais quitté la Gascogne ma mère — ou plutôt, ô calembour! mon père le Périgord — avec deux cents francs en poche, plus un titre d'employé surnuméraire au ministère des finances, et, dans le fond d'une malle, un drame en vers, une comédie moderne et l'ébauche d'un roman ; très timide de tempérament, très audacieux de volonté, vous voyez le provincial que pouvait être, vers 1874, votre très humble serviteur.

En bon lecteur de *la Vie de Bohème*, le néophyte parisien s'installa dans le quartier Latin, comme le voulait la tradition! C'était rue de l'Ancienne-Comédie, un hôtel étroit de façade, haut de mansardes, vieux de partout. Déjà plusieurs camarades du lycée natal avaient élu domicile en cette maison, dont la sénilité suintait par tous ses pores de plâtres, à travers ses ais dès longtemps disjoints et craquelés. Sans doute, ce séjour avait emmagasiné des pluies bi-séculaires, et la moisissure des plus anciens régimes y florissait dès avant 89. Le souvenir de ce perchoir vermoulu est intimement lié, dans la mémoire des perroquets qui y dormirent, à une indéfinissable senteur de champignons vagues et d'invraisemblables truffes : champignons spectres ! truffes fantômes ! pourriture certaine ! Périgourdins que nous étions, cela ne nous étonnait pas autrement : ainsi fleurent les bois de chez nous, durant les automnes mouillés.

L'administration française m'apparut sous un aspect au moins singulier. Le chef de bureau qui m'accueillit, me demanda :

— Avez-vous déjà été employé ?

— Non, répondis-je avec sincérité, puisque je suis surnuméraire.

— C'est dommage, fit le chef d'un air profond. Enfin, nous allons vous chercher du travail.

Il appela un commis principal, et lui donna quelques instructions. Ce commis m'entraîna dans un bureau, très peuplé de rédacteurs et d'expéditionnaires. Là, il me fit asseoir devant un pupitre, plaça deux gros registres sous mes yeux, un crayon rouge dans ma main, et me dit, sans rire :

— Ce registre de chiffres a été pointé déjà au crayon noir, au crayon bleu, au crayon vert, au crayon jaune ; il s'agit de savoir si les nombres sont identiquement portés sur l'un et l'autre de ces deux registres, vous allez pointer — oh! mais très attentivement — avec votre crayon rouge.

De dix heures du matin, jusqu'à cinq heures du soir, je surpointai les pointages antérieurs. Admirable opération! Pour aboutir à ce labeur, j'avais étudié huit années au lycée, passé deux baccalauréats, plus un examen spécial, où l'on m'avait interrogé sur le droit administratif, l'économie politique, la façon d'établir un budget, les ressources ordinaires et extraordinaires des États, les emprunts et la Bourse, etc., etc. De plus, on s'était enquis de ma moralité, de celle de ma famille, y compris les ancêtres. Admirable opération! pour laquelle d'ailleurs, étant surnuméraire, je ne touchais pas un seul de ces centimes, dont je pointais les formidables additions, sans omettre les demis et les quarts de centimes, jusqu'à la somme inscrite à la fin du registre, à savoir : trente-deux milliards, six cent vingt-cinq millions, quatre cent cinquante-neuf mille, huit cent vingt-sept francs, quarante-deux centimes et un quart.

Le soir, à la modeste table d'hôte de la rue Hautefeuille, où je rencontrais quelques camarades, je me laissais aller à toute l'ironie que mon béotisme périgourdin dénué de tout respect attique pouvait déverser sur l'administration, lorsque l'un des commensaux, devenu depuis député, puis directeur général du ministère des Affaires étrangères, me dit :

— Vous êtes un rouage, un tout petit ressort, mais la machine est grande, superbe dans son ensemble.

Très bien, rouage devenu, je me résignai. Et pourtant ce n'était point pour cela que j'étais débarqué à Paris, mais afin de lancer sur le monde étonné des vers et des proses pareils à des bolides.

Seulement, craintif à l'excès, je n'osais m'adresser à personne, pas même à mes camarades, redoutant les railleries ; si bien qu'au bout d'un an, je me trouvais au même bureau, pointant les centimes, sans avoir fait aucun pas vers la gloire ni vers ceux qui en sont auréolés. Timide, effrayé même, je demeurais en face de mon drame et de ma comédie. Les hommes de lettres m'apparaissaient, à distance, immenses comme des statues de vingt coudées posées férocement sur un piédestal de trois cents mètres. Je m'imaginais que l'orteil de M. Leconte de Lisle mesurait, sur le sol de la Grand'Ville, un arpent au moins, et qu'une armée entière, avec armes et bagages, pouvait très bien dormir à l'ombre du petit doigt de M. Théodore de Banville.

Si, pour accomplir quelques médiocres additions, Paris, représenté au ministère par un chef de bureau grave et décoré, me jugeait à peine capable d'un pointage au crayon rouge, pointage déjà exécuté par tous les crayons de l'arc-en-ciel, quelle outrecuidance n'aurait-ce pas été que de se risquer dans la littérature, ce royaume, où certes, au début, on m'aurait prié non pas même de cirer les bottes des grands hommes, non, mais simplement de regarder comment on les cire, afin d'apprendre.

Sans nul doute, les jeunes, les débutants, déjà célèbres dans le quartier Latin, et vers Montmartre, m'épouvantaient moins; je les sentais plus proches et abordables et, pourtant, ils m'intimidaient aussi.

Le soir, délaissant les parties de manille ou de polignac des camarades du lycée, j'allais autour de l'Odéon errer vers le café Voltaire ou le café Tabourey; à travers les vitres, j'apercevais le nez d'un poète, le chapeau d'un prosateur, la barbe d'un dramaturge. Parfois, j'entrais sur la pointe des pieds, me mettant à une table près de la porte, demandant un verre de bière, à voix basse, et un journal qui me servait à garder une contenance. A la dérobée, je jetais des coups d'œil sur le clan sacré ; — on devait me prendre pour un simple mouchard.

Je rentrais, désespéré de cette sotte attitude, et, afin de m'en consoler, me jetais sur ma table de travail, pour parfaire le chef-d'œuvre nécessaire à mon introduction dans ce monde idéal, où, tout en buvant, au lieu de jouer à la manille, on savait faire mouvoir les idées, comme de simples pions, sur l'échiquier immense de la poésie.

Enfin, comme un mouton enragé, je pris un jour ma timidité et la jetai par-dessus bord ; j'allai voir — oh ! non pas un poète, pas un de ces hommes qui tutoient par vocation les dieux et les étoiles, non — mais un littérateur qui me paraissait plus abordable. Encore, de peur du ridicule, je n'emportais aucun manuscrit : ni mon drame ni ma comédie, pas même un sonnet ; et je me rendis, sans armes, chez Francisque Sarcey.

Ce fut, messeigneurs, une belle conférence, au bout de laquelle le prince de la critique me déclara que tout était une affaire de chance et de talent, et que, si je possédais l'une et l'autre, lui, critique, verrait avec plaisir mon nom passer de son écritoire sous sa plume.

Alors, lassé de travailler dans l'ombre de l'hôtel garni, aux senteurs hybrides de truffes et de champignons, je me mis à fréquenter les cafés littéraires, comptant sur le hasard pour me faire pénétrer dans l'intimité des héros poétiques, et des demi-dieux du sonnet.

C'est ici le lieu de s'expliquer sur la *vie de café*. Le vieux dicton: Il vaut mieux écrire une tragédie que d'aller au café, est devenu faux à l'user. Écrire une tragédie dans un coin sombre, semble être aujourd'hui le dernier mot du crétinisme. Les directions de théâtre sont archicloses aux inconnus; d'autre part, les salons ont perdu beaucoup de leur ancienne influence; il faut donc, en une ville telle que Paris, descendre dans la foule, se mêler aux passants, et vivre, comme les Grecs et les Latins, sur l'*agora* ou le *forum*. Sous le ciel pluvieux de Paris, l'*agora* ou le *forum*, c'est le café, voire, pour les politiciens de faubourg, l'humble marchand de vin du coin. Les cafés sont le lieu de réunion, où, entre deux parties de besigue ou de dominos, on peut ouïr de longues dissertations — parfois confuses, hélas ! sur la politique, la stratégie, le droit ou la médecine. De plus, ces établissements ont remplacé le jardin d'Académus, le jardin fameux, où les philosophes promenaient péripatétiquement leurs inductions et déductions; ils tiennent lieu de l'hôtel Rambouillet, où le sonnet d'Oronte captait les suffrages de Benserade et de Voiture.

Cela est surtout vrai au quartier Latin, et vers Montmartre. De jeunes hommes qui viennent étudier, en des hôtels garnis peu récréatifs, éprouvent un immense besoin de camaraderie et de bavardage à la française; ils vont en chercher là où on en trouve, c'est-à-dire dans ce prolongement de la rue parisienne qu'on appelle un café. Ceux surtout qui rêvent de littérature, et qui, débarqués de leurs provinces, ne connaissent personne et ne sauraient à laquelle des cent mille portes de Paris frapper, les pauvres troubadours, jetés sur la place de la Grand'-Ville, s'estiment heureux d'aller rôder autour des quasi-célébrités et des demi-gloires, que l'on peut coudoyer dans les lieux de réunion ouverts à tous.

Le café devient ainsi la succursale, ou mieux, l'antichambre des bureaux de rédaction.

Car il y a toujours, devers le boulevard Saint-Michel, un journal littéraire, quelquefois deux, qui donne le ton. A cette époque reculée (1874-1875), la petite revue, chargée des destinées poétiques de la rive gauche, s'appelait *la Renaissance*, dirigée par le poète Émile Blémont. Je lisais attentivement ce recueil où les différentes écoles poétiques d'alors se coudoyaient et parfois se rudoyaient, témoin un article intitulé « les Vieux Ratés », dans lequel Jean Richepin attaquait précisément plusieurs des collaborateurs de *la Renaissance*. Avec l'intransigeance de la jeunesse, il considérait alors comme de véritables ancêtres, mathusalémiques, vieilles barbes, fossiles, caducs et sentant déjà le cercueil, ceux qui avaient écrit sous l'Empire avant la date cabalistique et noire de 70. L'un des poètes attaqués, blond parnassien de trente-cinq ans, riposta : « Raté ? peut-être ; mais vieux ? allons donc ! »

Néanmoins, on se sentait un peu révolutionnaire dans le clan des nouveaux, de ceux d'après la guerre ; il semblait qu'un fossé se fût élargi entre deux époques parfaitement distinctes ; on criait à la mort de l'opérette, au renouveau du drame, à la renaissance de la poésie, d'une poésie plus vivante, moins renfermée en des tabernacles par les mains pieuses des servants de la rime riche ; on voulait ranimer l'impassible muse, lui rendre les muscles et les nerfs, et la voir marcher, moins divine, plus humaine, parmi les foules devenues souveraines. Bref ! on se battait à coups d'épigrammes pour la possession d'un lambeau du manteau royal, que Victor Hugo, pareil à Alexandre, laissait traîner sur la croupe de son hippogryphe.

Naturellement, du fond de mon hôtel garni, je convoitais un coin de cette pourpre, et, encouragé par la présence de Richepin, de Gabriel Vicaire et de quelques autres, très jeunes alors, dans la rédaction de *la Renaissance*, je me glissai un soir à la nuit tombante, dans les bureaux du journal, sis rue Jacob 11, en un poussiéreux entresol, et remis une pièce de vers, écrite (comme vous pensez bien) sur du papier ministériel et bureaucratique.

Lorsque je vins chercher la réponse, il me fut répondu que ce poème ne cadrait pas avec le *genre* de la revue. Ah ! depuis, en lisant avec respect les vers d'Émile Blémont, j'ai compris que nous n'avions guère le même genre.

Dès lors, je retombai dans ma nuit obscure de travailleur acharné.

Le surnumérariat me rendait très pauvre, et dame ! il fallait une rude foi en l'avenir, pour passer des soirées sans feu à limer des vers, après avoir pointé tout le jour des registres interminables. C'est beau la jeunesse ! Et, par là-dessus, ne pas se rebuter, lorsque l'unique revue de poésie qui existât alors condamnait mon *genre*, par la bouche d'un de ces demi-dieux de la rime, que j'entrevoyais au café Voltaire, humant des demi-tasses, en jugeant les vivants et les morts avec une assurance terrible et péremptoire.

— Vous ne connaissiez personne ! et vous vouliez chanter ? Allons donc, malheureux Périgourdin, sachez que, dans les revues, il en est comme dans les banquets, où chacun chante la *sienne* au dessert, et où le passant inconnu qui viendrait faire le treizième serait mis à la porte. Il faut être invité, que diable !

Aussi, le dimanche, promenant ma lassitude de la semaine, j'errais seul, essayant de comprendre le grand et solitaire Paris.

Et je l'aimais ce Paris ! Ses rues et boulevards, ses énormes édifices, ses squares, ses Champs-Élysées, ses arbres malingres, ses omnibus, ses stations de fiacres ! Les couleurs dont le soleil ou le gaz revêtent chaque détail dans ce prestigieux ensemble, ou encore la grisaille violette que jette le brouillard frais et onctueux sur le tableau sans cesse renouvelé, sur le kaléidoscope des êtres et des choses. Et, aussi, je vénérais le bruit parisiaque — grondement d'orage, murmure de forêt, plainte d'Océan — qui perpétuellement secoue l'atmosphère. Et, encore, j'adorais la joie de l'imprévu, le chassé-croisé des femmes à froufrous, les folies des vitrines en atours, les pavés que l'on éparpille ou qu'on tasse, la maison qu'on jette à terre, celle que l'on dresse vers le ciel à grands renforts de charpentes, qui de loin ressemblent à de gigantesques filets, et, de plus loin, à des dentelles.

L'amour de Paris, avec sa Seine joyeuse ou morne, fumée de bateaux-mouches dessus, et, dessous, terrible roulement de corps qui se cognent aux piles des ponts.

Ah ! la belle vocation de badaud badaudant, de naïf Méridional amusé de rien, et qui trouvait à cela plus de poésie intense qu'aux élucubrations froides et calculées. C'était, oui, de la poésie bien vivante ! Mais comment la tirer de ces becs de gaz, de ces arbres malingres, de ces omnibus jaunes, verts ou bleus ?

— Il y a de l'arsenic dans le fauteuil du président des assises, disait Raspail au cours du procès Orfila. Il ne s'agit que de l'en extraire.

De même, il y a de la poésie partout.

Et je rentrais dans la cellule froide pour confier au papier des choses dans *mon genre*, extrayant l'arsenic des fauteuils.

II

Projet de journal pour les *jeunes*. — Les autographes de V. Hugo. — Adelphe Froger, la *République des Lettres*. — Le *Sherry-Cobbler*. — Quelques chansons. — Les *Vivants*.

Je fis la connaissance des poètes d'une façon bizarre. Précisément dans un des derniers numéros de *la Renaissance*, — ce fut le premier journal que je vis mourir! Combien depuis!! — je lus la petite note suivante : « Les poètes qui voudraient s'entendre pour fonder une revue ou un journal, doivent s'adresser à M. M... T..., rue L..., vendredi à huit heures du soir. »
Je me rendis à cet appel.
Comme huit heures sonnaient dans la brume opaque d'un soir d'hiver, plus sombre encore aux Batignolles que partout ailleurs (on n'a jamais su pourquoi), je gravis d'un pas alerte les

six étages qui séparaient du sol de la rue Legendre la demeure de l'homme bienfaisant, ayant consenti à créer un journal pour les *jeunes*.

Je m'attendais à voir là quelque vieux philanthrope, quelque saint Vincent de Paul, portant sur chaque bras un sonnet trouvé, et, suspendus aux pans de sa robe de chambre, une multitude d'alexandrins perdus et d'hémistiches orphelins. Je m'imaginais, dans ma naïveté de provincial, que, puisqu'on trouve de tout à Paris, on y devait rencontrer des pères adoptifs pour les œuvres géniales mais pauvres, qui encombrent les tiroirs, ces berceaux à forme de cercueils.

Telle était ma pensée, au premier étage, sur le palier.

Je poursuivis mon ascension. Mais, au fur et à mesure que j'approchais du but, je sentais naître, en moi, cette forme particulière de la terreur, qu'on appelle le *trac*, et me livrais à toute une mimique d'hésitation, avant que, prononçant mon *alea jacta est!* sous la forme plus moderne de : Allons-y ! je fis tinter la sonnerie, qui, du coup, arrêta les palpitations inutiles.

Un salon très éclairé, orné d'une grande

quantité de chaises. Personne. Ah ! si ! si ! dans un coin, à droite, un jeune homme blond, svelte, très imberbe, dissimulant mal un ennui profond ; vers un deuxième coin, un jeune homme brun, petit, qui ne disait rien non plus, mais suçait la pomme de sa canne. Moi, dès lors troisième, je m'assis dans un autre coin. Barbu, très noir, l'œil torve, la conscience un peu rassurée, j'attendis dans ce petit désert, où les lustres flamboyaient sur une caravane de chaises immobiles. Une table au milieu, avec un verre, une cuiller, du sucre, de l'eau, enfin tout ce qui fait présager un conférencier. Un quart d'heure se passa, puis une heure. Le grand blond grognait ; le petit brun, vif, quitta sa chaise, et, avisant le sofa, se coula dedans, croisa ses jambes longuement l'une sur l'autre, et se reprit à sucer sa canne d'un air somnolent. Moi, habitué dès l'enfance, par la destinée, aux événements les plus sordidement cruels, je demeurais impassible.

Je me disais *in petto :* Un peu de correction, mon ami ! le petit brun, c'est peut-être une de nos jeunes gloires, le blond est sans doute le fils de quelque célébrité, ne bougeons pas !

Les deux autres devaient se faire les mêmes

réflexions. Heureusement tout a une fin ! Une porte s'ouvrit, et un monsieur d'une trentaine d'années, maigre, long, bien peigné, l'air comme il faut, se présenta :

— Je vous demande pardon de vous avoir fait attendre, Messieurs, dit-il en jetant un salut circulaire.

Notre hôte — car c'était lui ! — gagna le fauteuil, sis en face du verre d'eau sucrée ; il ne toussa point, mais, prenant un air capable, quoique bon enfant, il commença :

— J'ai là, Messieurs, neuf lettres de poètes qui s'excusent de ne pouvoir venir ce soir à la réunion : ce sont MM. de Banville, Leconte de Lisle, de Bornier, Duparc, Lalune, Tartempion, etc. Je ne vous lirai pas leurs missives ; mais je tiens, avant de vous expliquer ce que je compte entreprendre, à vous faire part du superbe autographe que notre illustre et adoré maître, Victor Hugo, m'a envoyé :

« L'heure est aux poètes. Votre entreprise est noble. Je suis avec vous   V. H. »

Le blond et le brun se mirent à rire ; je pensais que c'était sympathiquement, mais la suite devait me dévoiler le tréfond de leur pensée obscure.

M. T... continua :

— Nous ne sommes que trois...

— Quatre, interrompit le brun.

— Je ne me comptais pas, reprit M. T... modestement. Donc, il s'agit de fonder une revue hebdomadaire au meilleur profit des poètes, et ce sont les ouvriers de la première heure qui demeureront évidemment les mieux partagés. Mais, avant de vous dévoiler le plan merveilleux que j'ai conçu, afin de tirer la poésie du marasme, car elle est dans le marasme !...

— Ah ! oui, dit le blond svelte.

— Oui ! Il est nécessaire que nous fassions un peu connaissance.

— Ça, c'est juste, dit le brun petit.

On se présenta, comme on put, les uns aux autres : M. T..., M. Adelphe Froger, M. Edmond Nodaret, M. Émile Goudeau.

— Mais, ajouta notre hôte — et il torturait paisiblement du sucre dans de l'eau avec une cuiller, — mais, il faut nous présenter les uns aux autres comme poètes. Si donc vous avez apporté quelque chose : un sonnet, une ode, des triolets ?...

A cette invitation, le blond Adelphe tira de sa poche un manuscrit, et lut des vers très parnassiens : des images, des allitérations, des rimes riches, pour la forme ; pour le fond, un rassemblement de jolis nuages dans un tunnel. Nous applaudimes. Le blond svelte, triomphant, exhiba aussitôt une lettre de Victor Hugo, qu'il avait gardée pour la bonne bouche. Le maître lui écrivait : « Toujours en avant, et vers la lumière ! — V. H. »

Ce fut au tour d'Edmond Nodaret, le petit brun. Il lut des vers quasi-classiques : de l'esprit, une forme lâchée, un prosaïsme drôle de chroniqueur débutant, qui sera très amusant plus tard. Quand il eut achevé, il prit dans son portefeuille une lettre que Victor Hugo lui avait adressée et nous en donna connaissance : « Ossa et Pélion ne sont rien, il faut gravir le Parnasse ; vous êtes en chemin. Continuez. — V. H. »

Ce fut à mon tour de prendre la parole. Je me sentais cruellement humilié, devant ces élus du Maître, de ne posséder aucune recommandation. Cela me fit de la peine ! Je me sentis abandonné, dégringolant dans le vide, sans aucune main tendue pour me soutenir.

Néanmoins, bravement impavide, je lus un sonnet néo-grec, où j'essayais de donner la sensation d'atavisme hellénique, si remarquable et si remarqué parmi les gens qui jouent au baccarat.

Je fus également applaudi ; mais — ô funeste sort ! — je n'avais pas d'autographe à montrer. Je rentrais immédiatement dans la catégorie des poètes amateurs, des gens qui ne tutoieront jamais les étoiles. J'aurais, peut-être, ce soir-là, dit adieu à tout jamais à une carrière où il faut afficher *brevet* sur sa porte, à la façon des *médaillomanes* de l'École des beaux-arts, si, par un hasard heureux, M. T..., notre hôte, n'eût jugé à propos de terminer cette petite séance, où, pour la première fois je voyais des poètes face à face, par l'exhibition d'une œuvre de lui. Cela était un poème dramatique destiné aux Folies-Marigny. Lointain souvenir ! Hélas ! Nous nous tordîmes. Le blond Adelphe Froger se roulait, le brun Nodaret gloussait, moi, torve toujours, mais dépourvu d'impassibilité, je pouffais. Quels vers ! Quelle littérature !

Je compris, en entendant ces choses innommables, que les brevets du maître des maîtres étaient une simple formule de bienveillance, et ne tiraient pas à conséquence. Cela me consola d'en être dépourvu.

Lorsque cette rhapsodie, dont la longueur dépassait les bornes permises, eût été enfin lue, le verre d'eau sucrée à moitié bu, la voix de l'orateur enrouée, le brun Nodaret s'écria :

— Eh bien ! et ce journal !

Alors, posément, avec une attitude de notaire correct, d'avoué irréprochable, M. T... récita un petit discours où il prouvait qu'avec de l'argent on soulevait le monde, d'abord ! Ensuite qu'il suffisait d'être *dix* littérateurs, jeunes sans doute, mais capables de donner cent francs par mois, pour faire vivre un journal poétique. Il demandait en forme de conclusion, puisque nous étions déjà *quatre* votants, qu'on le nommât, lui, rédacteur en chef, et nous permît d'aller, par la ville, chercher les six autres futurs actionnaires.

Cela se fait à Paris. M. T..., que je ne nomme point, a pu croire que c'était belle besogne. J'ai vu des gens réputés très respectables faire payer à des naïfs cinquante centimes et un franc par vers inséré. De cette constatation presque banale (tant on connaît d'agences semblables !) je tire deux conclusions : c'est que la poésie est tellement en honneur en ce pays-ci, que, pour conquérir le titre de barde, beaucoup de commandants en retraite, de percepteurs fatigués, de marchands de salade, ou de magistrats, avares sur leur nourriture ou celle de leurs proches, parfois criblés de dettes, n'hésitent pas à dépenser de l'argent, afin de se faire imprimer. Poésie et vanité! C'est sur ce deuxième péché que tablent les entrepreneurs de petits journaux poétiques, *rédigés par les abonnés*, dit le prospectus! où ces malheureux payent sérieusement la gloire d'alimenter la cuisine de deux ou trois sceptiques joyeux qui revendent au poids l'inévitable *bouillon* de leurs journaux. Pauvres gogos du rêve!

Heureusement, quoique fort naïf moi-même, je mis en garde contre l'industriel en question mes deux jeunes confrères.

Et lorsque ce fantastique M. T... eut fini, nous le quittâmes rapidement, lui, son drame, son sucre, son eau, sa cuiller, son journal et ses lustres éclairant son petit désert, qui, s'il était muni de chaises en guise de palmiers, manquait absolument de sources nombreuses et variées à l'usage des voyageurs perdus en ces parages assoiffants.

Tous les trois, — les trois poètes!! — nous

descendîmes, et, dans le plus prochain café, nous allâmes disserter sur les destinées de la poésie moderne.

Edmond Nodaret était un chétif employé dans mon genre ; seulement il *pointait* dans les contributions directes. Adelphe Froger, mineur encore, devait, à sa majorité, toucher une assez belle somme : — ô joie ! — il la devait consacrer à la littérature... et jeter dans la poésie — ô gouffre — la sueur accumulée de ses pères.

C'était un jeune homme épris d'art ; ses vers, qui ne marquaient pas une extrême originalité, valaient autant, mieux que bien d'autres, et un bon juge en pareille matière, Catulle Mendès, ne tarda pas à le lui prouver en partageant avec Froger le titre de rédacteur en chef de *la République des Lettres*. On fonda — *la Renaissance* étant morte — une nouvelle revue, sérieuse celle-là et vraiment artistique dont le souvenir n'est point perdu ; car elle abrita *l'Assommoir* de Zola, exilé de partout alors. Néanmoins elle mourut aussi, après résistance, mais elle mourut.

La vie bohémienne des littérateurs jeunes est pleine de rires, de chansons, sous lesquelles s'entend le *Dies iræ* profond et le *Nunc dimittis* d'une foule de journaux mourants. L'histoire des poètes est un nécrologe de feuilles, et Millevoye avait bien raison :

> De la dépouille de nos bois
> L'automne avait jonché la terre.

Ou encore, le chansonnier disant :

> Pauvres feuilles, valsez! valsez! (*bis.*)

Mais par Froger, devenu rédacteur en chef, je pus enfin voir de près, ainsi qu'il convient à un myope, et toucher du doigt les poètes, non plus dans la solennité du café Tabourey ou du café Voltaire; mais dans une minuscule brasserie appelée le *Sherry-Cobbler*, qui mérite quelques lignes de souvenirs.

Ce *Sherry-Cobbler*, situé sur le boulevard Saint-Michel — le centre des affaires, ô poésie ! — entre le lycée Saint-Louis et la librairie Derenne, où s'éditait alors *la République des Lettres*, était présidé par une fort belle blonde, Joséphine, qui, après bien des avatars, a fini par aller fonder une brasserie au Texas. On était servi — servi est une façon de parler, vous verrez pourquoi — par de jeunes et jolies filles, dont plusieurs ont fait leur chemin. Mais ce qui, dès l'abord, distinguait le *Sherry-Cobbler* de n'importe quelle autre brasserie, c'est qu'il n'y eut jamais là de boisson s'appelant *sherry-cobbler*, ce breuvage américain y étant aussi profondément inconnu que l'homérique ambroisie; nul des allants ou venants ne peut se vanter d'avoir, à l'aide d'un chalumeau, humecté son gosier de ce nectar spécial, qui servait pourtant d'enseigne au modeste établissement tenu par Joséphine.

Un soir, trois audacieux lycéens — cet âge est sans pitié — trois lycéens, la bouche armée de panatellas énormes, des cigares pareils à des cornes de rhinocéros, entrèrent en ce séjour de lyrisme, et, ô stupeur, demandèrent à la jeune fille qui devait les servir :

— Trois sherry-cobblers !

Trois sherry-cobblers, trois ! Un, c'eût été de l'audace, mais trois ! La blonde préposée, ignorant ce breuvage, crut d'abord à une mauvaise plaisanterie de la part de ces potaches; puis, sur leur insistance, elle se rabattit vers la caissière, et formula la demande de ces clients sauvages et extravagants.

— Répondez qu'il n'y en a plus, dit la

caissière, pour sauver l'honneur du drapeau.

C'est en cet endroit paradoxal que les poètes s'assemblaient, et que je vins moi-même, enfin délivré de ma timidité, m'asseoir à mon tour. Je n'osais pourtant point élever la voix en ce cénacle, j'écoutais, ainsi qu'il sied à un bon néophyte, j'ouïssais les hardis propos, les rudes reparties, les merveilleuses dissertations, qui scintillaient, lorsque Coppée, Mendès, Mérat, Paul Arène, Stéphane Mallarmé, Villiers de l'Isle-Adam, Valade, mort depuis, ce poète qui signait Silvius d'adorables chroniques rimées, et dont Monselet a dit :

> Et je vois un jeune Valade,
> Un jeune Valade à pas lents,

lorsque tant de poètes parnassiens ou non, baudelairiens ou poësques, se rencontraient avec leurs cadets, Richepin, Bouchor, Bourget, Rollinat, A. Froger, Ponchon, le peintre Tanzi, Michel de l'Hay, Guillaume Livet, l'avocat Adrien Lefort, Alexandre Hepp, qui publiait ses premiers vers, Vautrey, Edmond Deschaumes, frais émoulu du collège.

Ici je cite quelques lignes publiées dans *le Voltaire* par Guillaume Livet :

« On y (au Sherry) causait beaucoup, on buvait ferme, et on rêvait de l'avenir.

« Dans un coin s'installait, depuis l'heure de l'absinthe jusqu'à l'heure de la fermeture, un grand garçon très brun, avec les cheveux sur le front et la barbe en pointe, comme Mounet-Sully, remarquable par une figure à caractère méridional ; il buvait bien, sans se griser, mais ne soufflait mot, assistant, tranquille, aux grandes discussions artistiques, et menant si peu de bruit qu'on se s'inquiétait pas de lui, et qu'on le regardait comme faisant partie du mobilier — à céder avec le fonds le jour de la faillite !

« — Qui est donc ce monsieur ? demanda un jour quelqu'un.

« — C'est Émile Goudeau, un employé du ministère des finances, répondit dédaigneusement la patronne.

« Et il n'en fut plus autrement question. Bon camarade d'ailleurs, il nous accompagnait souvent dans nos courses à travers Paris, et, toujours solide, ramenait au logis ceux d'entre nous qu'avait incommodés la bière (1). »

(1) *Voltaire* du dimanche 3 décembre 1882.

Eh! oui! je savourais la joie bizarre de coudoyer des gens qui se faisaient imprimer dans des gazettes, des êtres à peu près célèbres, au moins de Bullier au Moulin de la Galette. D'ailleurs, à quoi bon eussé-je essayé de me mettre sur le pied de ces Parisiens, là, tout de go? Lorsque je m'ouvris à l'un d'eux, un soir, de mes projets poétiques, il s'écria avec un nuance de regret :

— Alors, vous n'êtes plus le bon Gascon qui ne fait pas de vers! Oh! vous voudriez ressembler aux autres? Fi! fi donc!

Ainsi me parla le poète Germain Nouveau, qui, depuis, est devenu peintre. Néanmoins, pour me faire une petite part dans les rêves d'avenir, on décida que je serais auteur dramatique.

Je pris au sérieux ce rôle vague, et me mis à piocher en silence une comédie en vers.

Le surnumérariat! Et une comédie en vers! A peine, de temps à autre, un mien oncle m'envoyait-il de frêles subsides qui, tout pareils à des roses, duraient l'espace d'un matin; hélas! une morne angoisse me prenait souvent dans cet hôtel garni et suintant, je n'avais point le rire facile entre ces quatre murs solitaires. Aussi je me hâtais d'aller humer la belle gaîté des jeunes poètes et de leurs camarades. L'*illustre Sapeck*, rapin excentrique, mine froide et grave d'Anglais spleenétique, était le chasse-chagrin en personne, le boute-en-train. C'est lui qui, voyant sommeiller les chansons dans les gosiers à sec, criait :

— Que l'on apporte du champagne !
Et l'on choquait les verres, en chantant :

>   Au jardin de mon père
>   Les lilas sont fleuris,
>   Au jardin de mon père
>   Les lilas sont fleuris ;
>   Tous les oiseaux du monde
> Viennent pour y fair' leurs nids ;
>   Auprès de sa blonde
> Qu'il fait bon, fait bon, fait bon,
>   Auprès de sa blonde
>   Qu'il fait bon dormi.

Ou bien encore cette chanson, de Marguerite (ou Madeleine), dont voici une version (il y en a beaucoup d'autres) :

>   Marguerite s'est coiffée
>   De six bouteilles de vin,
>   Marguerite s'est coiffée
>   De six bou - ou - ou
>   De six bou - ou - ou
>   De six bouteilles de vin.

Marguerite, elle est malade
Il lui faut le médecin ;
Marguerite, elle est malade
   Il lui faut − aut − aut,
   Il lui faut − aut − aut,
Il lui faut le médecin.

A sa première visite
Il lui défendit le vin ;
A sa première visite,
   Il lui dé − é − é,
   Il lui dé − é − é,
Il lui défendit le vin.

Médecin, va-t-en au diable,
Moi, que j'aime tant le vin ;
Médecin, va-t-en au diable,
   Moi, que j'ai − ai − me,
   Moi, que j'ai − ai − me,
Moi, que j'aime tant le vin.

Si je meurs, que l'on m'enterre
Dans la cave où y a l' vin ;
Si je meurs, que l'on m'enterre
   Dans la cave où − y − a,
   Dans la cave où − y − a,
Dans la cave où y a le vin.

Les pieds contre la muraille,
La teste sous le robin ;
Les pieds contre la muraille,
   La teste sous − le,
   La teste sous − le,
La teste sous le robin.

S'il en tombe quelques gouttes,
 Ça sera pour rafraîchir ;
S'il en tombe quelques gouttes,
  Ça sera pour - ra,
  Ça sera pour - ra,
Ça sera pour rafraîchir.

Si la tonne se défonce
J'en boirai-z- à mon loisir ;
Si la tonne se défonce
  J'en boirai z - à - mon
  J'en boirai z - à - mon
J'en boirai z - à mon loisir.

La gaieté lancée ne s'arrêtait plus, et les poètes, debout sur les tables, disaient leurs vers avec de grands gestes fous, qui soulevaient leurs chevelures brunes ou blondes, des vers tout chauds encore de l'enclume récente, et non point refroidis par la mise en volume.

Car, malgré cette vie de cabaret, on travaillait ferme, nul ne savait où ni quand ; néanmoins les poèmes s'accumulaient pièce à pièce, à travers le décousu de l'existence.

Le soir, tard, en se retirant, les poètes se montraient du doigt l'Odéon, terre promise. Un soir même, sous les arcades, trois d'entre eux se jurèrent fidélité éternelle, aide réciproque, afin de conquérir la gloire. Ils s'intitulèrent eux-mêmes, par haine du passé mourant, qui, semblait-il, allait disparaître devant leur naissante aurore, les *Vivants*. Bien vivants, ils étaient, en effet, Jean Richepin, Paul Bourget et Maurice Bouchor.

La destinée ne leur a point fait faillite.

III

Maurice Bouchor : *les Chansons joyeuses*. — Jean Richepin : *la Chanson des Gueux*. — Le Restaurant turco-grec. — Paul Bourget : *la Vie inquiète*, *Edel*. — Les Haïtiens, Raoul Ponchon, l'illustre Sapeck.

Maurice Bouchor venait de publier chez Charpentier son premier volume de vers, *les Chansons joyeuses*. La critique accueillit par une salve d'éloges cette œuvre d'un poète de dix-huit ans, qui, cavalièrement, entrait, le sourire aux lèvres, dans l'antique domaine de la poésie.

« Ah ! ce domaine, comme on l'avait rendu grave : une sorte de temple immense, mais désert, où de rares fidèles parlaient à voix basse. Hélas ! hélas ! une théorie d'enfants de chœur élevés à l'ombre funeste de ce sanctuaire, sombres malgré leurs cheveux blonds et bouclés, exhalaient une odeur fade de vieilles cathédrales, de pagodes exotiques, de consistoires allemands, de cierges bibliques et de vieux frocs : morne rebut de chapelle obscure et salpétrée. »

Ainsi pensait à cette époque le révolutionnaire Maurice Bouchor ; il opposait la simplicité de sa manière aux procédés alambiqués, et son amour du plein air à ces effluves de logis clos.

Avec une audace d'étudiant qui *cale* l'école et *fait la poule*, il narguait les maîtres doctrinant en chaire, et courait vers la rue vivante, pour jeter ses impressions aux passants, comme, durant le carnaval de Nice, on se bat à coups de fleurs.

« Lâchons, semblait-il dire aux camarades, lâchons ces professeurs d'horticulture poétique, qui prennent les roses pour les empaqueter symétriquement et les mettre, en bouquets trop bien liés, sur de solennels cénotaphes ! lâchons les herborisants personnages qui cueillent des violettes fraîches et vivantes, au revers des talus dans les bois, pour les cataloguer en un herbier ! lâchons les collectionneurs de papillons qui se croient sages en contemplant les prodigieuses couleurs que conservent les minces cadavres épinglés ! laissons les oiseleurs de syllabes, qui emprisonnent les rythmes derrière des règles en fil de fer ! il vaut mieux préférer à tous ces poèmes des îles lointaines, à tous les cacatoès, aux aras, aux cardinaux et autres volatiles rares que l'on montre avec orgueil dans une volière dûment close, les simples corbeaux du Luxembourg, et les pinsons du jardin des Plantes, et les vulgaires moineaux des squares. »

Aussi, passant leste et dédaigneux devant la chapelle des bouquetiers, et l'hôtel de Rambouillet des oiseleurs, il s'esbaudissait dans la rue vivante, et donnait des *chansons joyeuses* à qui voulait les entendre.

Il reniait surtout cette parole d'un ciseleur de rimes :

Et nous faisons des vers émus très froidement.

Il s'émouvait pour un rien au contraire, et sans faux dandysme, chantait ses impressions, comme d'autres, à la même époque, essayaient de les transporter sur la toile.

Plus d'une parmi ces jeunes chansons est restée dans la mémoire de ceux qui les entendirent. Voici, au hasard :

PROMENADE

Le notaire sera noir...
Ces gens-là, c'est si morose !
Toi, tu seras blanche et rose,
Ayant, pour si grave chose,
Pris conseil de ton miroir.

Et puis, le sourire aux lèvres,
Pieds légers, et cœurs ouverts,
Au soleil, par les prés verts,
Nous nous en irons devers
Les riants coteaux de Sèvres.

Tout seuls, chantants et bénis !
A nos pieds, des fraises mûres !
Sur nos fronts, les longs murmures
Qu'on entend dans les ramures
Où s'enchevêtrent les nids.

Et les morts, sous l'herbe épaisse —
Si, par hasard, nous passons
Près d'un cimetière — aux sons
De nos joyeuses chansons,
Rêveront de leur jeunesse.

Et les cieux seront posés
Sur ta tête et sur la mienne,
Et, tout là-bas, dans la plaine,
O mignonne, je t'emmène
Faire la chasse aux baisers.

Très peu de temps après, parurent *les Chan-*

sons de *l'Amour et de la Mer*. Le poète semblait là devenu mélancolique. La critique s'en étonna, et fit un peu payer au jeune poète le succès de sa première œuvre. Un des plus durs éreintements partit précisément de *la République des Lettres*; il est juste d'ajouter que, dans une note placée en tête de l'article où l'on malmenait assez Maurice Bouchor, la rédaction dégageait sa responsabilité.

On lui reprochait la banalité de son sujet, ce qui, par parenthèse, est assez extraordinaire, puisque c'était voulu de sa part, et que, précisément, c'est l'amour du distingué, de l'inconnu ou du méconnaissable, qui a rendu la poésie abstruse, indéchiffrée. Savoir rendre poétique la banalité elle-même n'est donné qu'à un poète sincère.

« Après avoir dit, s'écriait l'auteur de l'article, qu'il haïssait toutes les vieilleries, M. Maurice Bouchor tombe dans le même jeu et use des mêmes procédés. Son volume peut être un journal de son cœur, ce n'est pas une œuvre... Nous ne dirons rien des licences prosodiques que l'ami de M. Jean Richepin prend avec affectation. C'est un système. »

M. de Banville, dans un article sur *les*

Chansons de l'Amour et de la Mer, écrivait plus aimablement :

« ..... Certes, voilà de la grande, saine et robuste poésie. Mon cœur de vieux romantique saigne bien un peu quand je vois là-dedans AMOUR au singulier rimer avec VELOURS, et TRÊVE sans S avec SOULÈVES ; mais quoi ! je suis du VIEUX JEU. Ces jeunes gens ont levé l'étendard de la révolte ; ils ont victorieusement renversé et brisé ma vieille idole, et celle qui fut la RIME EXACTE est devenue une déesse sans bras, comme la Vénus de Milo ! »

A la bonne heure !

Pour se reposer, sans doute, ou pour damer le pion à Victor Hugo lui-même, Maurice Bouchor alla s'installer à Guernesey, en compagnie de Jean Richepin et du fidèle Raoul Ponchon. On datait, de cette ile célèbre, des poèmes, et on les envoyait à *la République des Lettres*, qui les insérait par respect pour le timbre de la poste : Guernesey !

Ce n'était pourtant point un lieu de parfaites délices, ce rocher, si j'en crois certaine épître, que doit posséder encore l'*illustre Sapeck*. On s'y plaignait amèrement de l'absence d'un tas de choses, surtout de l'absence de Paris et des Parisiennes. Sapeck, ne pouvant pas leur envoyer ce qu'ils réclamaient, leur conseilla de revenir de l'exil. Ainsi firent-ils.

Maurice Bouchor ne s'était lancé dans la fantaisiste bohème que par goût et non par force, comme tant d'autres, comme Richepin, le *roi des gueux*. Bouchor, le créole roux, à la tête anglo-saxonne, solide buveur, au teint rosé, était dès lors riche et ne ressemblait guère aux pâles poètes qui usent contre la misère la fraîche fleur de leur jeune gaieté.

Parmi ses camarades, il fut édité le premier, tandis que Richepin colportait ici et là sa *Chanson des Gueux*, Paul Bourget sa *Vie inquiète*, Maurice Rollinat son *Poème des Brandes*.

Chose étrange ! il devint cependant le plus spleenétique. Ses *Chansons joyeuses* ne tardèrent pas à se transformer en mélancoliques sonnets, en contes tristes. D'année en année, il s'éloigna de ses frères d'armes de la première heure ; il se mit à adorer la musique et voire la mathématique. A l'heure où j'écris, il est peut-être plongé dans le *Calcul différentiel* (1).

1) Ces études musicales et mathématiques, n'étaient qu'une préparation à une synthèse. Maurice Boucher, dans les *Sym-*

A cette époque, Jean Richepin faisant allusion sans nul doute à quelque amour profond, et sans guérison possible, lui adressait le sonnet suivant :

Que ta maîtresse soit ou blonde, ou rousse, ou brune.
Qu'elle vienne d'en haut, ou d'en bas, ou d'ailleurs,
Crains l'abandon certain promis par les railleurs.
La femme et ses désirs sont réglés sur la lune.

Tous les amours du monde ont une fin commune.
Ta maîtresse prendra de tes ans les meilleurs,
Et les effeuillera sous ses doigts gaspilleurs.
La femme est un danger, quand on n'en aime qu'une.

Aime-les toutes, c'est le parti le plus sûr ;
La brune aux yeux de nuit, la blonde aux yeux d'azur.
La rousse aux yeux de mer, et bien d'autres encore.

Ne fixe pas ton cœur à leurs cœurs décevants !
Mais change ! L'homme heureux est celui que décore
Un chapeau d'amoureux qui tourne à tous les vents.

Ce à quoi Bouchor répondait simplement :
— Je suis monogame !

Richepin, entre temps, avait trouvé un éditeur, Maurice Dreyfous. J'entends encore le

boles, son dernier livre, a, comme un mage, présenté les rites anciens et modernes sous le vêtement sacré des rythmes poétiques.

beau tapage littéraire que suscita ce superbe volume de vers : *la Chanson des Gueux.*

Pour ceux qui avaient encore dans l'œil la lueur des incendies de la Commune, cette *Chanson*, apparut vite comme le chant du *Coq rouge*, qui se serait subitement réveillé dans les broussailles enchevêtrées, sur les ruines des Tuileries et du palais de la Cour des comptes.

> Ouvrez la porte
> Aux petiots qui ont bien froid.
> Les petiots claquent des dents.
> Ohé ! ils vous écoutent !
> S'il fait chaud là-dedans,
> Bonnes gens,
> Il fait froid sur la route.

> Ouvrez la porte
> Aux petiots qui ont bien faim.
> Les petiots claquent des dents.
> Ohé ! il faut qu'ils entrent !
> Vous mangez là-dedans
> Bonnes gens,
> Eux n'ont rien dans le ventre.

> Ouvrez la porte
> Aux petiots qui ont sommeil.
> Les petiots claquent des dents.
> Ohé ! leur faut la grange !
> Vous dormez là-dedans,

>   Bonnes gens,
>   Eux, les yeux leur démangent.
>
>   Ouvrez la porte
>   Aux petiots qu'ont un briquet.
>   Les petiots grincent des dents.
>   Ohé ! les durs d'oreilles !
>   Nous verrons là-dedans,
>   Bonnes gens,
>   Si le feu vous réveille.

Pour caractériser cette poésie, haute en couleur, le surnom choisi par Maurice Bouchor : les *vivants*, ne semblait pas devoir suffire, Jean Richepin inventa le *brutalisme* : non plus seulement la vie en poésie, mais la violence. A la place du chant doucement modulé des derniers enfants de chœurs qui servaient la messe romantique, les cris de la place publique, les refrains désordonnés de la horde des gueux : gueux des champs et des grands chemins, gueux des villes et des hôtels (plus ou moins garnis), gueux populaires et gueux poétiques.

>   Venez à moi, claquepatins,
>   Loqueteux, joueurs de musettes,
>   Clampins, loupeurs, voyous, catins,
>   Et marmousets et marmousettes,

> Tas de traîne-cul-les housettes.
> Race d'indépendants fougueux !
> Je suis du pays dont vous êtes :
> Le poète est le Roi des Gueux.

Laissant le clan bourgeois pour la pure bohème, le poète Jean Richepin se sacrait Roi des Truands. Il s'agrafait alors, comme marque distinctive de cette dignité étrange, un bracelet porte-bonheur au poignet gauche ; pour couronne il se coiffait d'un chapeau de forme spéciale. Ce fut même, entre le pauvre et grand caricaturiste André Gill et Jean Richepin, une lutte épique, une pacifique querelle à qui dénicherait, chez les divers chapeliers de Paris, le plus bizarre couvre-chef. Tantôt Gill avait l'avantage ; mais souvent Richepin l'emportait. L'illustre Sapeck jugeait en dernier ressort, et offrait la palme au vainqueur.

Ce n'était donc point un funèbre poète que Jean Richepin. La philosophie de ses gueux brutalistes n'apparaît pas toujours aussi féroce que celle des *petiots* armés du briquet. Non. Ils sont plutôt railleurs, donnant l'exemple de la belle humeur : ainsi celui qui chante, en regardant travailler les paysans qui s'échinent.

>   Qui qu'est gueux ?
>   C'est-y nous
>   Ou ben ceux
>   Qu'a des sous ?
>   Quel travail à grand orchestre !
>   C'est pas fait pour les envier.
>   Ça va depuis l'premier d'janvier
>   Jusqu'au soir de Saint-Sylvestre.

Ce spectateur finaud conclut :

>   Allez, allez, dans la terre
>   J'tez vot' blé ! Mais quel guignon !
>   Faudra m'couper mon quignon
>   Dans vot' pain d' propriétaire.
>   Qui qu'est gueux ?
>   C'est-y nous
>   Ou ben ceux
>   Qu'a des sous.

Surtout dans la pièce intitulée : *les Oiseaux de passage*, se montre le pur dédain que professent les gueux, libres et fiers de leurs soucis, envers les volailles de basse-cour, dont la vie platement heureuse n'est pas faite pour séduire les aventureux oiseaux de passage.

> Ce dindon a toujours béni sa destinée.
> Et, quand vient le moment de mourir, il faut voir
> Cette jeune oie en pleurs : « C'est là que je suis née,
> Je meurs près de ma mère et j'ai fait mon devoir. »

Seulement la société, représentée par les juges de la police correctionnelle, se vengea cruellement du poète : un mois de prison pour attentat aux mœurs, privation des droits civils et politiques, etc. Ah ! tu es roi des gueux, attends ! tu ne seras jamais, là, jamais de la vie, conseiller municipal.

Le poète des gueux fit son mois de prison à Sainte-Pélagie. Le soir de la sortie, des étudiants enthousiastes le portèrent en triomphe au bal Bullier. André Gill, qui, lui, n'avait jamais été porté en triomphe, se contenta de déclamer avec cet accent inimitable, où l'on ne savait démêler si le dessinateur se moquait de ses auditeurs ou s'il parlait sérieusement : Moi ! si j'entrais dans Paris sur un cheval blanc on me nommerait empereur !

La Chanson des Gueux avait été poursuivie et condamnée pour deux ou trois pièces, dans lesquelles le poète abordait carrément certaines réalités dont, tous les jours, il est parlé dans les faits divers et le compte rendu d'une multitude de journaux.

Mais, chut ! la thèse n'en est pas ici de mise ; en cette occurrence, je m'en réfère plutôt à la sagesse de Jean Richepin ; dans la préface de la dernière édition, il écrit :

« Pour ce qui touche à la justice, tu me permettras (ami lecteur), d'imiter le bon soldat qui, au dire de M. Scribe, doit souffrir et se taire sans murmurer. »

Seulement, il s'insurge avec raison contre le procédé peu confraternel du journal qui l'avait dénoncé au parquet. Ce journal, c'était — le croirait-on ? — *le Charivari*. Au nom de quelle esthétique, de quelles lois morales, de quelle religion particulière, de quelle divinité ou de quelle pagode, ce prédicateur inattendu fulminait-il l'anathème contre un poète ? C'est un mystère.

Une des critiques les plus bizarres qui fut alors adressée à Richepin, c'était d'avoir ponctué ses vers d'apostrophes, ainsi qu'il suit :

Avoir l'air d'un mâl' v'là c'que j'gobe.

Mince querelle ! Il faisait parler ses personnages comme il les avait entendus chanter, avec des hiatus et de l'argot. Il y a des gueux qui ne savent pas l'orthographe ; et, dans ce livre complexe, chacun devait avoir sa place.

En revanche, écoutez comme Jean Richepin

change de ton lorsqu'il s'adresse au poète, roi des espaces lumineux :

> Que tes cheveux soient une queue
> De comète, et royalement
> Ouvre au vent ta bannière bleue
> Découpée en plein firmament.
>
> Monte plus haut, comme un grand aigle,
> Plus haut toujours, comme un condor ;
> Monte sans frein, sans loi, sans règle,
> Et perds-toi dans le couchant d'or.
>
> Et vogue enfin à pleines voiles.
> Loin du monde, loin de céans ;
> Que tes larmes soient des étoiles,
> Et tes sueurs des océans.
>
> Et là-haut, dans le libre espace,
> Sur ton corps glorieux et beau,
> Si tu vois qu'il reste une trace
> De la bataille ou du tréteau,
>
> Sur ton front si tu vois encore
> De la boue et du sang vermeil,
> Débarbouille-toi dans l'aurore
> Et sèche-toi dans le soleil.

Afin de se sécher dans du soleil, on désertait parfois le *Sherry-Cobbler* pour aller en Orient. L'Orient, avec une gracieuseté dont on ne peut que lui savoir gré, se sentant trop loin des poëtes parisiens, trop loin, là-bas, vers l'Asie mineure et les Archipels, s'était transporté rue Monsieur-le-Prince, sous la forme d'un restaurant turco-grec. On y venait déjeuner de sisquebah, manger des gâteaux bizarres et des confitures de roses envoyées de Smyrne; on y buvait du raki et du zwicka. Il y avait deux patrons, l'un grave, servant le café turc avec une majesté ottomane, l'autre vif et pétulant, portant toujours caché dans sa longue manche un stylet aigu que nous appelions le kandjar du palikare. Ohé! roi des montagnes!

C'est de là que partit un soir pour ne plus revenir, un jeune Valaque, qui faisait parfois des vers. Ce suicide fut perpétré d'une façon extrêmement digne, avec un parfait dandysme. D..., revêtu d'habits neufs, des bouquets plein les mains, se présenta à la caisse, et, gracieux, orna de fleurs le comptoir et le corsage de la caissière. Puis, s'adressant à un étudiant en médecine, il lui dit nonchalamment: Mon cher, j'ai fait le pari que la petite pointe du cœur se trouve ici entre ces deux côtes. Et il désignait un point sur son gilet collant.

— Pas du tout, reprit l'autre, c'est plus bas. Là!

— J'ai donc perdu, se contenta de répondre D...

Il fit venir un fiacre et donna l'ordre de le conduire vers l'Arc de Triomphe.

Quand le cocher, arrivé au bout des Champs-Élysées, ouvrit la portière, il ne trouva plus qu'un cadavre sur les coussins. D... s'était tiré un coup de revolver en plein cœur.

Comme on l'emportait, une jeune femme qui était descendue de son coupé remarqua que les bottines du mort n'avaient point servi ; pas un atome de poussière sur les semelles jaunes.

Les gens corrects ou non ne sont pas toujours des gens heureux.

— Encore un verre de racki, monsieur le patron.

On trouvait là Paul Bourget qui venait rarement au Sherry-Cobbler prendre sa part des tumultes poétiques, auxquels se livrait notre exubérante jeunesse. Bourget avait peu, à cette époque, la passion de la vie pour la vie elle-même, il ne la concevait que littéraire ; c'était avant tout un artiste. Voici comme il parlait :

Les jours succéderont aux jours, et les années
S'effeuilleront ainsi que des roses fanées,
Avant que je n'étreigne entre ces faibles bras
Les seuls trésors que j'aie adorés ici-bas :
La gloire et le génie. Et pourtant, comme j'aime
Ces Lettres dont j'ai fait ma volupté suprême !
Comme je sens vibrer tout mon cœur dans les mots!
Ce qu'ils m'ont prodigué de plaisirs et de maux,
Ce que j'ai consumé de nuits passionnées
A guetter une phrase au vol, et de journées !
Oui, même quand Avril riait dans un ciel clair,
Même quand un parfum de fleur flottait dans l'air
Suave et délicat comme un souffle de femme,
Je m'enfermais, bouchant mes yeux, domptant mon
Ivre de mon travail et prêt à me tuer   [âme,
Pour vaincre enfin les mots rebelles, et créer.
Créer ! sentir les mots palpiter sur la page,
Les entendre frémir d'amour, hurler de rage,
Et moi-même avec eux vibrer, souffrir, crier.
Etre en eux comme Dieu dans le monde, créer !

Cela ressemblait peu aux théories des Vivants et des Brutalistes ; mais ce qui rapprochait beaucoup le poète de ses amis, c'était le goût quand même pour ce qui s'est appelé depuis le *modernisme*, c'est-à-dire, à l'exclusion des légendes antiques et des récits moyen-âgeux, la recherche du moment présent, de l'heure qui passe avec nous, et qui chante ou pleure dans nos sourires ou nos larmes d'êtres vivants.

Paul Bourget croyait au travail solitaire, au cénobitisme du penseur, de l'analyste et du bibliophile. Grand admirateur, profond dévot de Balzac, il levait entre les Vivants et les Brutalistes la bannière des Balzacides. Son balzacisme allait très loin. Dans son modeste, mais correct appartement de la rue Guy-de-la-Brosse, d'où l'on voyait les arbres du Jardin des Plantes fleurir peu à peu par les belles matinées d'avril, et vers l'automne s'étaler en taches versicolores dans l'encadrement des fenêtres, Paul Bourget s'était soumis à un féroce régime de balzacien : dîner de très bonne heure, se coucher aussitôt après, puis se faire réveiller sur le coup de trois heures du matin, comme il est écrit dans le poème d'*Edel* :

Un, deux, trois. Oui, c'est bien trois heures. Dans
[la nuit,
Qu'il est plaintif, ce cri de l'heure qui s'enfuit !
J'ai, pour mieux l'écouter tinter, posé ma plume,
Et voici qu'à ce son fatidique une brume
De rêves douloureux m'enveloppe, et j'entends
Passer sur moi le souffle effroyable du temps.

Le poète reclus avalait deux ou trois bols de café noir, comme Balzac, et, comme Balzac, travaillait jusqu'à sept heures du matin. Là, il redormait une heure, pour se lever ensuite définitivement, et aller vaquer aux occupations mesquines et lucratives qu'impose aux jeunes littérateurs la misère des débuts. Tout le jour, donc, Paul Bourget, non plus Balzacide, mais licencié ès lettres, enseignait le latin et le grec à des aspirants au baccalauréat ; il versait en des crânes rebelles l'antiquité tout entière, et prenant, sans doute, à ce métier de Danaïde, un certain dégoût pour les ancêtres, se rafraichissait le soir en plein modernisme.

Mais, hélas ! en la société des jeunes compagnons, il était vite lassé, s'endormant de fatigue et ne pouvant plus vivre qu'à la condition expresse de se coucher à huit heures du soir pour se lever à trois heures du matin. Les feuilles de papier blanc, posées en tas sur sa table de travail, l'appelaient au fond de la rue Guy-de-la-Brosse ; à la fin du repas, au moment où le moka turco-grec fumait dans sa tasse, le grand bol plein de café froid, destiné à le réveiller vers trois heures du matin, semblait lui dire : « Viens avec nous ! laisse donc ces gens qui épuisent en discussions stériles, en éloquence fugitive, en diagnostics et pronostics d'avenir, la chère heure présente ; viens avec nous, repose-toi près de nous, puis lève-toi vers l'aube ! Bois-moi, disait le moka ! Couvre-nous de tes pattes de mouche, chantaient les feuilles de papier blanc ! »

Bientôt, pourtant, il reconnut lui-même qu'à fréquenter exclusivement Balzac, Byron, Henri Heine et Stendhal, il s'anémierait. Ses camarades disaient de lui : « Il sera le Sainte-Beuve, le grand critique de notre génération. » Cela déplaisait au poète de *la Vie inquiète*.

Certainement la *Vie vivante* l'attirait aussi bien que ses émules ; il écrivait dans la préface du poème intitulé *Edel*, qu'il composait alors et que Lemerre édita (1878), ce programme très significatif :

« Voici quarante ans accomplis que le plus étonnant génie du dix-neuvième siècle, notre père à tous, le grand Balzac, a magistralement posé l'idéal moderne : « Toute génération, di-
« sait-il, c'est un drame à quatre ou cinq mille
« personnages que la littérature a pour mission
« d'exprimer, » sous peine de devenir ce qu'elle fut à Rome au temps de Claudien, un stérile agencement de syllabes mortes. Ce principe a ramené l'art d'écrire à une psychologie vivante, et renouvelé la critique et le roman,

comme il a renouvelé l'histoire. Apporte-t-il avec lui une poésie nouvelle, destinée à occuper une place brillante entre la poésie historique si merveilleusement représentée par Leconte de Lisle, et la poésie romantique dont les élèves de Hugo portent avec vaillance le vieux drapeau ? Pour ma part, je le crois en toute sincérité de conscience. Je vois nettement ce qu'il faudrait faire pour que cette poésie fût créée. Hélas ! il me suffit de relire *Edel* pour constater une fois de plus que, dans la littérature comme dans la vie, l'homme réalise malaisément ses rêves. »

A noter en ces lignes la proclamation de la supériorité de Balzac sur Hugo, l'allusion à Claudien, et la tendance accusée vers l'analyse psychologique.

Seulement les façons brutales de la vie des routes et grands chemins, l'atmosphère des rues, des caboulots, le goût du noctambulisme, les petites fêtes de la bohème lui répugnaient :

Je m'assis dans le coin isolé d'un café ;
Je regardais dans l'air épais et surchauffé
Se pencher sur leur verre où blanchissait l'absinthe
Des hommes de trente ans qui, la prunelle éteinte,
Déjà chauves, fumaient en lisant un journal.

Le bruit des voix montait. Un peuple trivial
De boursiers fatigués, de mornes journalistes,
Et de tout jeunes gens déjà lassés et tristes,
Se pressait sous les feux du gaz qui se mêlait
Lugubrement au jour blême qui s'en allait.
Je m'accoudai longtemps au marbre de la table,
Près de pleurer, noyé d'un chagrin ineffable :
Car c'était, ce café douloureux, au sortir
Du palais où mon cœur venait de tant sentir,
Le symbole, visible à moi seul, de la vie
Qui me prendrait le jour où mon âme ravie
Dans un bleu paradis d'amour surnaturel
Retomberait à plat sur le monde réel.

(EDEL.)

Je cite ces vers, non point comme des meilleurs qu'ait écrits Bourget, mais pour indiquer l'état d'âme en lequel il se trouvait à cette époque, l'immense besoin qu'il éprouvait d'échapper à *ce monde-réel* composé de bohèmes et de Villons de brasserie, afin de s'évader vers la sphère aristocratique, délicate et quintessenciée, où il devait se cantonner plus tard.

Le champ de la *vie moderne* est très vaste; il y a des salons dont les lumières, le soir, répondent au scintillement des becs de gaz de l'assommoir; et la princesse Morphine est tout aussi réelle que Coupeau. Paul Bourget préférait d'ores et déjà la princesse, et son analyse psychologique devait se porter plutôt sur les raffinées nuances du monde que sur les brutales couleurs de la foule.

> Oh ! les populaciers, ceux dont l'âpre besogne,
> Comme un marteau de fer infatigable, cogne
> Jour et nuit sur la bête humaine et la meurtrit !
> Il me semble qu'en y voiturant mon esprit,
> En coudoyant la foule écrasée, asservie,
> Mon désir renaîtra de tordre cette vie,
> Pour lui faire suer ce qu'elle a de beauté.
> Que je me reprendrai pour la modernité
> D'une fureur dont tout mon être se remplisse.

> .... A tous les horizons,
> Ce n'était qu'un amas suintant de maisons
> Noires, et que, de place en place, une fenêtre
> Eclairée et cachant quelque drame peut-être,
> Œil sinistre, trouait d'une tache de sang.
> Partout des omnibus filaient, éclaboussant
> La foule, tressautant sur les pavés, énormes,
> Crottés, puants, pareils à des monstres difformes,
> Et le gaz, palpitante haleine, flamboyait...

Comme on sent bien que le poète adore le salon capitonné, les tentures, les lustres, le large piano à queue, les partitions éparses, le cartel armorié, les tapis épais, la cheminée où l'on s'accoude pour dire des vers.

Ce n'est point par *snobisme*, mais par goût

profond d'une modernité spéciale que le poète d'*Edel* devient *dandy*. Il faut à sa pénétrante analyse, l'étude d'âmes plus compliquées, plus alambiquées, plus contournées que celles des naïfs qui montrent leurs passions au soleil, comme Vénus, impudiquement, laisse voir son torse ; il veut vaincre la difficulté de pénétrer à travers l'étoffe, la doublure, le corsage et la fausse gorge jusqu'au cœur. Dores et déjà, il recherche les *Énigmes*. Nouvel Œdipe, il s'avance dans les steppes et les mirages mondains, pour interroger les *Sphinges* qui paraissent d'autant plus ambiguës en leurs réponses qu'il leur arrive souvent de n'avoir rien à dire.

Comme professeur de dandysme, Paul Bourget eut l'heureuse fortune de trouver en M. Barbey d'Aurevilly un maître. Voici le portrait que le jeune poète traça du vieux lutteur :

..... Le grand maître
D'abord, Jean d'Altaï, le terrible, ce reître
Du feuilleton, pour qui la plume est un couteau :
Un aigle en cage usant son bec contre un barreau.
Moustache en croc, de la dentelle à sa cravate,
Sur son pantalon blanc une bande écarlate,
La rhingrave pincée à la taille, il a l'air

D'un pirate-dandy qui va prendre la mer ;
Cet homme écrit, comme il s'habille, il est bizarre
Mais exquis, violent mais fort, cherché mais rare.

Dès lors, Paul Bourget nargua les feuillets blancs et les bols de café de trois heures du matin. Il allait avec Jean d'Altaï, aux samedis du cirque, il risquait des pantalons vert-d'eau, des cravates singulières. Son goût profond pour la mondanité le sauva vite heureusement de tout genre excentrique.

Il restait bon camarade, le meilleur peut-être, le plus prompt à rendre un service. Le dimanche matin, dans son petit salon de la rue Guy-de-la-Brosse, il recevait fraternellement de jeunes camarades, qui parfois s'attardèrent chez lui jusqu'à l'heure du déjeuner, souvent jusqu'après.

Richepin y demeura même une quinzaine de jours, et, comme il voulait ménager son unique vêtement, il se promenait dans l'appartement et recevait les visiteurs, vêtu simplement d'une espèce de robe de chambre falote, taillée dans un ancien rideau.

Mais le poète des *Gueux* avait bientôt fait de récupérer quelque monnaie suffisante, et recommençait sa vie bizarre, avec d'invraisemblables chapeaux sur la tête, des bagues aux doigts, des bracelets au poignet — que dis-je ? des anneaux d'or fermés sur la cheville. Il était suivi d'une foule anonyme et vague, où l'on distinguait surtout les nègres d'Haïti — cortège bruyant — des *nègues*, pour lesquels les *r* n'existent pas plus que pour les antiques *incoyables*. Parmi ces hommes sombres, Ponchon rutilait, et Sapeck, l'illustre Sapeck demeurait blême ; Ponchon chantait le vin, et Sapeck dessinait, d'un crayon alerte, des caricatures. Ils étaient célèbres dans le quartier Latin, et leurs noms étaient fréquemment accolés l'un à l'autre.

Il y avait pourtant une grande différence entre ces deux figures. L'illustre Sapeck, grand, maigre, visage simiesque, se taillait un rôle inédit de *fumiste*, après Romieu et le cor Vivier. Il possédait une élégance de sportsman anglais, et portait des fleurs aux jeunes personnes qu'il honorait de ses faveurs. Lorsque le *Sherry-Cobbler*, présidé par Joséphine, se trouvait à court de consommations, et ne pouvait suffire à la soif des poètes et des gommeux, Sapeck se présentait, correctement vêtu, des roses à la boutonnière, puis, discrètement, s'évadait vers l'épicier voisin, pour prendre à beaux deniers comptants le vermout *réparateur*, l'absinthe inspiratrice, le champagne consolateur, qui, versés dans les verres, et de là dans les cervelles, produisaient les sonnets tintinnabulants, les merveilleuses ballades et les triolets de ses amis les poètes. Sapeck ne leur demandait en revanche que de lui réserver les manuscrits, lesquels, reliés de façon riche, ont dû faire l'ornement de sa bibliothèque.

Sapeck avait, entre autres spécialités, celle d'imiter ravissamment le cri du jeune chien *qu'on lui a marché sur la patte*. Or, il possédait un toutou minuscule, décoré du nom de Tenny, qu'il portait dans la poche de son immense pardesssus *mastic*. Sapeck habitait alors en plein Montrouge, il se devait à ce quartier éloigné, étant élève d'André Gill, qui prétendait que le cimetière Montparnasse était au *centre des affaires*. Seulement Sapeck descendait souvent vers la place Saint-Michel. Riche, mais économe il prenait le tramway; néanmoins, il emportait dans la poche de son paletot, la jeune bête-chien, intitulée *Tenny*. Certain soir, un conducteur grincheux avisa la patte de Tenny qui sortait du pardessus, et déclara :

— Les chiens ne montent pas dans le tramway.

L'illustre Sapeck ne se laissa point démonter pour si peu, et, saluant le conducteur, descendit ; puis, voyant ce bureaucrate occupé à recueillir sa recette, héla un fiacre vide qui passait, mit le chien *Tenny* sur les coussins, et, refermant la portière, pria le cocher de suivre le tramway. Dès lors, joyeux, il remonta sur la plate-forme.

Le conducteur, au moment où l'illustre Sapeck tendait ses six sous, reconnut en lui l'homme au chien, et déclara péremptoirement, qu'ayant une bête en poche, il ne pouvait participer à l'honneur, que fait aux humains, en les voiturant, la *Compagnie générale des Tramways*, à la condition expresse que les susdits humains soient dépourvus de tout alliage animal.

L'illustre Sapeck jura *ses grands dieux* qu'il ne possédait aucun chien. A la prochaine station, on s'arrête. Discussion. Le contrôleur demande où est le chien que le conducteur prétend avoir vu. La controverse n'en finit pas. Les voyageurs de l'impériale, plus mal informés que ceux de l'intérieur, se dressent, se courbent sur la balustrade, demandant : Ça ne marche donc pas ?

Le contrôleur, malgré l'avis du conducteur exaspéré, en présence de Sapeck qui feint de se dévêtir pour démontrer qu'il est absolument dénué de chien, fait filer la voiture.

Le fiacre suit.

Aussitôt l'illustre Sapeck s'installe à une place vide de l'intérieur, et, abusant du talent dont j'ai parlé, talent qui consistait à imiter le cri du chien *qu'on lui a marché sur la patte*, pousse un aboiement plaintif. Le conducteur sursaute. — Je savais bien ! dit-il d'un air triomphant.

A la station suivante, le conducteur et le contrôleur s'expliquent. — Monsieur, vous avez un chien, il faut descendre ! — L'illustre Sapeck propose de nouveau de se dévêtir. On rit à l'intérieur. L'impériale gémit; des gens convulsés se penchent, demandant ce qui se passe, pourquoi ce tramway ridicule s'arrête ainsi. Le conducteur clame : Non seulement j'ai vu le chien, mais je l'ai entendu !..... Sapeck descend alors, et, aux acclamations de la multitude, va cueillir *Tenny-Tenny* dans le fiacre qui suivait toujours impassiblement.

Tel était Sapeck.

Raoul Ponchon, c'était autre chose. Monté dans le tramway poétique, il n'imitait le cri d'aucun chien, fût-ce Victor Hugo, Boileau, ou Stéphane Mallarmé. Avec une indépendance absolue, il traînait sa vie où bon lui semblait. Éditera-t-il un volume, demandait-on, ou n'en fera-t-il pas ? Question oiseuse. Il inspira, dit-on, des vers modernistes, mais il dédaignait de se soumettre aux exigences éditoriales. Il jugeait souverainement du mérite des gens, brochés ou reliés, et se contenta longtemps de cette attitude.

Pourtant on put lire de lui quelques vers; *la République des Lettres* en publia. *La Cravache* (est-ce bien la *Cravache?*) imprima, vers 1877, une satire où on lisait, *qu'après tout rien n'étonne, puisque*

Adelphe Froger est quelqu'un, et Nodaret quelque
[chose.

Rappelons ici qu'Adelphe Froger était rédacteur en chef de *la République des Lettres* et que Nodaret signait les articles qui visaient Richepin et Maurice Bouchor.

Voici des vers de Raoul Ponchon :

4.

Hurrah ! voici l'automne,
Le vin fume et bouillonne ;
Déjà je déraisonne.

Nous allons, mes amis,
Boire, hélas ! j'en frémis,
Comme il n'est pas permis.

Déjà je suis en proie
A la plus belle joie
Et mon cher nez rougeoie.

Buvons, mangeons, dansons.
Amours, blonds échansons,
Versez-nous des chansons.

Prenons ces forteresses :
— J'ai nommé nos maîtresses ! —
Là, dénouons leurs tresses ;

Et nous les coucherons
Dans la vigne, et mettrons
Des rubis sur leurs fronts.

— Danse, mon araignée,
Ma bouche a l'air, baignée
De vin, d'une saignée.

Vin, tu portes conseil.
Je bois ton fils vermeil
A ta santé, Soleil !

A la vôtre, mignonne,
Dont le nez vermillonne
Et qui m'êtes si bonne !

A la vôtre, messieurs !
O vin délicieux
De la cave des cieux,

Va, cours, circule, coule
En moi, ma tête roule
Comme une simple boule.

Le dieu ! voici le dieu !
Je n'en puis plus : heuh ! heuh !
Buvons encore un peu.

Je suis un pauvre ivrogne !
Ce dernier coup, ma trogne,
Sera pour la Pologne !

Et puis, ce post-scriptum
Pour mon nez, géranium
Digne d'un muséum.

Tu me peins les cieux roses
Comme des roses roses,
Vin rose qui m'arroses.

Je ne distingue plus
Jésus-Christ de Bacchus,
La Vierge de Vénus,

Le jour de la nuit, l'une
De l'autre blonde et brune
Et mon..... de la lune.

(*République des Lettres* du 3 déc. 76.)

J'ai mis des points ; le lecteur suppléera.

Une autre poésie de Ponchon dans le numéro de *la République* du 18 février 1877.

Quelques strophes :

RENOUVEAU

O vous dont les lèvres sont closes !
Voici les mois que vous aimez,
Mois magiques où les pommiers
Font pleuvoir des étoiles roses.

Et la fin sentimentale, charmante :

Si je suis plein d'un doux émoi,
C'est bien vous, ô ma châtelaine,
Et c'est bien votre douce haleine :
Je sens un parfum près de moi.

C'est vous, vous qui me faites vivre,
Et le bonheur gonfle ma chair ;
C'est votre âme éparse dans l'air
Que je respire et qui m'enivre.

En ce temps-là, le poète Raoul Ponchon n'eut pas de domicile. Un curieux et invertébré maître d'hôtel, très peu analogue aux Hospitaliers, le mit à la porte. Que fit Ponchon ? Il erra par les rues, triste et monologuant. Mais un soir qu'il avait eu la joie de prendre au café quelques morceaux de sucre, il ameuta un nombre invraisemblable de chiens errants et faméliques. Il les mena, moitié priant, moitié menaçant, vers l'hôtel garni d'où il avait été expulsé. Il sonna avec violence; puis fit entrer un à un les toutous féroces, les toutous *Radeau-de-la-Méduse*, dans le corridor, vers l'escalier. Deux heures du matin sonnaient. Raoul Ponchon referma la porte; il entendit de vagues aboiements à tous les étages. Il s'enfuit, rapide; il n'a jamais su ce qui était advenu.

Singulière époque pour le poète Raoul! Il portait un costume breton et couchait dans un lavoir! S'en souvient-il maintenant que le voici devenu le leader poétique et applaudi du *Courrier français?*

IV

Emile Zola, *l'Assommoir* et le substitut. — Une lecture chez Mounet-Sully. — Le compatriote Saint-Germain. — Brasserie Racine. — Le modèle de Cabanel. — Georges Lorin et Maurice Rollinat. — Le scénario d'un drame. — Le jeu les *grecs*. — Une affaire diplomatique arrangée.

La République des Lettres publiait l'Assommoir d'Émile Zola. J'avais pu, à la longue, faire insérer un sonnet dans cette revue; mais j'avais la satisfaction d'aller presque chaque semaine corriger les épreuves à Meaux, chez l'imprimeur Cognet. C'était toujours participer d'une certaine façon à la confection du seul journal littéraire qui existât alors.

A propos de *l'Assommoir*, il arriva dans cette sous-préfecture de Seine-et-Marne, une petite aventure qui montre combien Émile Zola est plus spirituel qu'on ne veut bien le dire. On me l'a donnée comme authentique, et, en tout cas, elle est fort vraisemblable. Le substitut s'était ému de certains passages du roman, et il crut devoir mander ou Catulle Mendès ou Adelphe Froger, peut-être tous les deux afin de leur déclarer qu'il allait entamer des poursuites. Là-dessus, on le pria de vouloir bien attendre qu'Émile Zola, le principal intéressé, eût été averti. Ce qui fut fait. Zola se rendit au parquet de Meaux, et défendit son roman : « Sans doute, il semblait qu'il y eût là un parti pris de violences, il n'en était rien ; c'était œuvre d'artiste, œuvre publiée dans une revue artistique, ne s'adressant qu'à des lecteurs épris d'art, et fort au-dessus de n'importe quel scandale ; d'ailleurs, la fin de l'œuvre, essentiellement morale, montrerait bien quel but comptait atteindre l'écrivain, qui se targuait d'être un franc, un honnête bourgeois, etc., etc. »

Zola s'est servi depuis bien souvent de ces arguments ; ils étaient neufs alors, et le substitut consentit à ne pas faire bouger les tonnerres de la loi — très sévère en ce temps-là

Quand le livre fut publié chez l'éditeur Charpentier, ce fut le parquet de la Seine qui s'émut ; mais alors — oh ! alors — il lui fut répondu que ce qui avait pu être publié sans danger à Meaux ville de province, en feuillets à 50 centimes, ne pouvait pas subitement devenir nuisible à Paris, ville de lumière, dans une édition à 3 fr. 50. Ainsi passa *l'Assommoir*, à travers les mailles du filet judiciaire.

La correction des épreuves ne suffisait pas à ma jeune ambition ; et, puisque je ne pouvais caser mes vers dans les recueils, je me résolus à suivre le conseil des camarades et à tâter du théâtre. O martyrologe ! grotesque martyrologe !

Etant Périgourdin, comme Mounet-Sully, je m'adressai au grand tragédien dont l'étoile commençait à resplendir entre cour et jardin, aux Français. Il habitait alors quai de Gesvres, au cinquième ou sixième étage. Là, je lui portai, un jour, la comédie en vers modernes qui m'avait coûté tant de nuits blanches. Mounet m'offrit un café délicieux, écouta ma lecture, et me fit beaucoup d'objections ; puis il ajouta que, pour l'instant, les vers au théâtre semblaient être en baisse, que le classique s'y maintenait avec peine, que lui-même se sentait fatigué de la lutte, et qu'il projetait de se livrer à la sculpture. Il me montra quelques-uns de ses essais ; une tête de saint Jean-Baptiste, un buste. Il m'invita à venir, tous les dimanches, prendre du café avec lui, et il continua à merveilleusement jouer Oreste ou Orosmane, le Cid ou Hernani, et à dire les jolis vers que mon ami Grangeneuve a intitulés : *Triolets à Nini*. Je libellai une seconde pièce en vers ; je vins la lire à Mounet, qui (oui, oui, je m'en souviens) s'endormit profondément entre la quatrième et la cinquième scène du deux. Je bornai là mes tentatives dramaturgiques au quai de Gesvres, me contentant de l'excellent moka dominical, et parlant non plus en poète, mais en simple et modeste Périgourdin, heureux de frayer avec un de ses plus illustres compatriotes.

Comme, un soir, je comptais ma mésaventure au restaurant vague où les fils du Périgord se réunissaient, l'un d'eux, un jeune avocat, M° Rousset, me dit : — Mais l'acteur Saint-Germain est aussi un Périgourdin, de Thiviers ou d'Excideuil.

Un matin, muni du rouleau fatal, j'apparus dans l'appartement de Saint-Germain, 15, rue Pigalle.

— Monsieur, dis-je au très spirituel comédien, c'est comme auteur sans doute, mais surtout comme compatriote que je me présente à vous.

Saint-Germain me regarda avec stupeur. — Je sais, ajoutai-je, que ce titre est partagé par quelques centaines de mille hommes ; mais je n'en ai pas d'autre à vous offrir, et je m'en sers.

Notez que je gasconnais affreusement, et que le Midi le plus intense colorait mes syllabes. Saint-Germain ne broncha pas, me pria de lui laisser le manuscrit, me remettant à huit jours pour une réponse.

Je fus exact au rendez-vous, et j'eus la joie d'entendre dire à Saint-Germain que c'était fort bien, et qu'il ferait tous ses efforts pour me faire jouer. Ravi, je m'écriai, en gasconnant encore plus que de coutume :

— Merci, mon cher compatriote.

Saint-Germain, sans rire, me dit :

— Ah ! çà ! mais vous savez que je suis né rue Soufflot, moi !

Mon ami l'avocat avait fait erreur : son Saint-Germain n'était pas le vrai Saint-Germain. La pièce, d'ailleurs, ne fut jamais jouée : Saint-Germain tomba malade, puis se brouilla avec l'actrice qui devait tenir le principal rôle, puis quitta le théâtre où il était pour entrer dans un autre; puis... puis... Il avait suffi que j'eusse appelé Saint-Germain compatriote, pour que la guigne s'attachât à nos projets : nul n'est prophète en son pays !

Montigny, qui avait lu la pièce, leva ses bras vers les frises, en se demandant comment on avait l'audace de traiter un pareil sujet. Il s'agissait d'un *Fils de fille*. Hélas! sur ce même Gymnase, quelques ans plus tard, Albert Delpit a pu faire jouer *le Fils de Coralie* sans protestation; et, ici ou là, telles audaces ont été tolérées que mon pauvre scénario, dormant dans un carton, me fait aujourd'hui l'effet d'une pastorale essentiellement *vieux jeu*.

Alors, je tombai dans la mélancolie. Le ministère des finances m'assommait, et la vie littéraire demeurait close. Aussi, ce fut la vie sans épithète qui me prit. J'allais, cueillant l'amour, ou ce qui ressemble à l'amour, le long des brasseries, dans les ateliers. Thamar fut la déesse de cette époque bizarre. Thamar s'appelait en réalité Joanna ou Nini, selon les milieux. Cette fille, d'un plastique irréprochable, avait été vendue toute petite à cet industriel spécial qui se nommait Gaetana de Marco, et qui faisait le trafic des petites Italiennes destinées à poser le *nu* dans les ateliers de l'École des Beaux-Arts et ailleurs. Cette Nini-Joanna, ayant posé pour le tableau de Cabanel qui se trouve au Luxembourg : *Thamar et son frère Absalon*, garda le surnom biblique de Thamar, ce qui ne l'empêchait point de servir, avec grâce, des bocks et des chartreuses dans une petite brasserie de la rue Racine. Cette brasserie était dirigée par une femme superbe appelée Malvina, et par un Polonais nommé Zukowski. Il y avait un rez-de-chaussée, où les passants se gavaient de bière et de nourriture ; mais existait aussi un entresol, en lequel un piano gémissait sous les doigts d'étudiants plus ou moins experts. Oh ! combien de fois Strauss, Métra et Fahrbach furent-ils écorchés vifs sur cette épinette ! Au-dessus de l'entresol, régnait un hôtel garni, parfois outrageusement garni. C'est là que se déroulèrent mes aventures avec Nini-Joanna-Thamar. Mais, cela étant de la vie privée, je passe rapidement. C'est rue Racine que je fis la connaissance du dessinateur Georges Lorin, un aquarelliste charmant, devenu depuis un séduisant poète, et de son inséparable, Maurice Rollinat.

Georges Lorin venait d'inventer la carte-réclame, ornée d'une aquarelle où des bébés joufflus jouent à l'humanité. Se souvient-on de ces premières compositions? Une poésie aimable enveloppait le dessin. C'étaient des cavalcades étranges de chérubins sur des libellules, des luttes énormes entre des enfantelets armés de casques bizarres et chargés d'épées plus longues qu'eux-mêmes : une fantasmagorie, une évocation imprévue et délicieuse !

Je ne connaissais Maurice Rollinat que par quelques pièces de vers publiées ici ou là.

Mais en face du piano révélateur de cette minuscule brasserie, nous ne tardâmes pas à lier connaissance. Triste et sombre dans la solitude, il devenait un gai compagnon parmi nous. Et quand le joyeux et robuste Normand Charles Frémine et le vaporeux dessinateur et gentil poète Georges Lorin se trouvaient être de la partie, on disait des vers et des chansons, et, peu à peu, le sauvage Rollinat se laissait entraîner, et, alors, plaquant des accords sauvages, il faisait retentir avec sa rude voix les entrailles des auditeurs, en chantant la musique presque religieuse composée par lui sur des sonnets de Baudelaire.

Maigre, le front ombragé par d'épaisses boucles de cheveux châtains, l'œil enfoncé sous l'arcade sourcilière — l'œil bleu vert — la bouche grande, une moustache dure, la figure ravagée, tourmentée, grimaçante, et la voix surtout, la voix dont les deux octaves avaient tour à tour d'exquises tendresses, des miaulements fous et d'empoignantes notes basses : tout cela impressionnait vivement et remuait les nerfs.

Seulement, bientôt, en ce milieu profane, la gaieté ironique l'emportait, et tout se terminait par de folâtres refrains, dont le plus modeste extrait terrifierait le lecteur pudique.

Puis, quand il n'y avait pas, dans la petite brasserie, un tapage trop infernal, on organisait de véritables séances de diction poétique. Un soir, même, un infortuné bureaucrate, abusant de ce que Maurice Rollinat était un employé de la mairie du VIe arrondissement, et moi-même un attaché au ministère des finances, se risqua à déclamer un sonnet de sa façon ; sa façon était exécrable ; toutefois, par un sentiment exquis de politesse, chacun de nous baissait la tête, dissimulant l'âpre ennui, la désolation amère que nous causait cette versification maladroite. Malheureusement pour l'auteur, ce silence l'intimida, et vers le milieu du second tercet, au lieu de dire ce qu'il avait écrit : *la magique palette*, sa timidité naturelle qu'il avait eu le grand tort de surmonter en l'occurrence, reprit le dessus, et faisant fourcher sa langue de néophyte, le força de prononcer : *la pagique malette*. Ce fut la fin. On se tordit. Cette vengeance d'Apollon contre un Marsyas de rencontre fut saluée par des applaudissements unanimes. Seul, Charles Frémine, conservant son sang-froid, attendit que le silence fût rétabli et déclara sobrement : C'est idiot !

Oncques, depuis, ce catéchumène des Muses ne se livra aux hasards de la diction.

Un soir, au petit entresol, Rollinat et moi, nous étions seuls. Nous devisions littérature, cheminant sur le terrain des confidences.

J'appris qu'il était le fils de maître Rollinat, le *malgache* de Mme Sand ; que la grande romancière lui avait servi de parrain, et encouragé ses débuts ; que dans sa campagne berrichonne, sauvage et brumeuse, dans sa lande, parmi ses brandes, une peur effroyable saisit l'homme en face de la nature ; que les choses y prennent des aspects mélancoliques et fous ; il me récitait des rondels :

LES LOUPS

Bruns et maigres comme des clous,
Ils m'ont surpris dans la clairière,
Et jusqu'au bord d'une carrière
M'ont suivi comme deux filous.

— Jamais œil de mauvais jaloux
N'eut de lueur plus meurtrière. —
Bruns et maigres comme des clous,
Ils m'ont surpris dans la clairière.

Mais la faim les a rendus fous,
Car ils ont franchi ma barrière.
Et les voilà sur leur derrière,
A ma porte ! les deux grands loups,
Bruns et maigres comme des clous.

Vision peut-être de chiens errants ; mais aussi impression de solitude noire, de campagne déserte et terrifiante ! Quant aux passants, aux vagabonds, ils sont pis à rencontrer, en ces landes dénuées de sergents de ville et de becs de gaz.

L'HOTE SUSPECT

— Nous sommes bien seuls au bas de cette côte,
Bien seuls ! et minuit qui tinte au vieux coucou !
Le jeune étranger m'inquiète beaucoup !
Il quitte le feu, se rapproche, s'en ôte,

Ne parle qu'à peine, et jamais à voix haute :
— Cet individu médite un mauvais coup ! —
Nous sommes bien seuls au bas de cette côte,
Bien seuls ! et minuit qui tinte au vieux coucou !

Oh ! ce que je rêve est horrible : — Mon hôte
Poursuit la servante avec un vieux licou...
J'accours ! mais je tombe un couteau dans le cou,
Éclaboussé par sa cervelle qui saute...
— Nous sommes bien seuls au bas de cette côte !

Le vers de onze syllabes employé là ne prend toute sa valeur que quand le poëme est déclamé par Maurice Rollinat ; il fait passer à travers ce système claudicant l'intensité de la peur, de l'horrible peur dont le poète est saisi en ce pays berrichon si sauvage, mais qu'il adore parce que précisément *il y éprouve le vertige de l'épouvante !*

Vers minuit, Maurice Rollinat me dit : Secouons-nous un peu ! Nous sortîmes, et après quelques allées et venues sur le boulevard Saint-Michel, il me proposa d'improviser un souper frugal. On irait dans sa chambre, il avait tant de choses à me lire, à me réciter, et tant de mélodies bizarres à faire palpiter sur son piano. Achat de saucissons, de jambonneau, deux bouteilles de vin, du pain, et nous voilà partis vers la rue Saint-Jacques. Rollinat habitait un petit logement au sixième.

Fini rapidement le souper improvisé! Rollinat ouvrit son piano. Ce piano était un clavecin aux sons aigrelets, antiques ; sans doute, il gémissait d'être réveillé si tard, lui, instrument du dix-huitième siècle, par un artiste de la fin du dix-neuvième. Au lieu des menuets, pauvre épinette, au lieu des pas de Vestris, voici qu'il était forcé d'accompagner, sur une mélodie funèbre de Rollinat, le terrible sonnet qu'avec une ironie amère Beaudelaire intitula : *le Mort joyeux.*

Dans une terre grasse et pleine d'escargots,
Je veux creuser moi-même une fosse profonde
Où je puisse à loisir étaler mes vieux os
Et dormir dans l'oubli, comme un requin dans l'onde.

Je hais les testaments et je hais les tombeaux !
Plutôt que d'implorer une larme du monde,
Vivant, j'aimerais mieux inviter les corbeaux
A saigner tous les bouts de ma carcasse immonde !

O vers, noirs compagnons sans oreille et sans yeux,
Voici venir à vous un mort libre et joyeux,
Philosophe viveur, fils de la pourriture...

A travers ma ruine, allez donc sans remords,
Et dites-moi s'il est encor quelque torture
Pour ce vieux corps sans âme et mort parmi les morts.

Ceux qui n'ont eu sous les yeux que la musique gravée de Rollinat, ceux qui n'ont pas entendu cet artiste original, bizarre et tourmenté, gémir d'une voix profonde les deux quatrains, lancer violemment le premier tercet, et terminer par un cri terrible d'angoisse effroyable le second, ne peuvent pas se rendre compte de l'effet produit par ce chant, la première fois qu'on l'entendait.

Le répertoire de Rollinat y passa presque en entier, puis les vers de son volume *les Brandes*, qu'il préparait alors chez Sandoz et Fischbascher. Vers sept heures du matin, le poëte me lisait le scénario d'un drame extraordinaire qu'il devait terminer en collaboration avec le doux Pierre Elzéar : association étrange, qui, du reste, n'a pas abouti. Pouvait-il en être autrement ? Le lecteur en jugera par le scénario lui-même, qui est resté suffisamment gravé dans ma mémoire effrayée.

Au lever du rideau, on apercevait une place publique, vers l'aube, une foule grouillante, et dans le fond une guillotine. Le patient basculait, le couteau tombait ; un « ah ! » d'épouvante courait sur la cohue, qui, selon l'usage, se retirait péniblement impressionnée, tandis qu'un fourgon rapide s'éloignait par la coulisse du fond.

Seul, un homme debout, M. A..., disait : « Enfin ! me voici tranquille ! cet innocent a payé pour moi ! Dieu ait son âme ! »

Tout à coup, un personnage, M. B..., porteur d'une valise, apparaissait, et allait frapper à la porte d'une maison : Pan ! pan ! pan !

Le premier monsieur disait en aparté : « Qui donc frappe ainsi à la porte du guillotiné ? » Puis, s'adressant au nouveau venu : « Monsieur, cette maison est close, le malheureux qui l'habitait vient d'être exécuté à l'instant même. »

« Ciel, clamait l'autre, mon frère ! mon frère ! ce n'est pas possible ! » — « Son frère ! murmurait M. A..., hélas ! » — Et le frère du guillotiné s'écriait : « Mon frère est innocent ! j'en suis sûr ! je trouverai le coupable ! »

M. A..., demeuré seul, se disait : « Il ne retrouvera pas le coupable ; mais je dois une réparation, sinon au guillotiné, hélas ! au moins au survivant, à ce frère infortuné. »

Au deuxième acte, M. A..., très riche grâce à son crime, pour lequel le frère de M. B... avait été guillotiné, donnait, en réparation d'honneur, sa fille et une forte dot à M. B..., qui oubliait un instant dans l'hyménée ses projets de vengeance contre le vrai coupable, et reléguait au second plan la réhabilitation de son frère.

Un incident quelconque terminant l'acte l'obligeait à y resonger.

Au troisième, M. B.., découvre enfin le coupable... son beau-père ! Que va-t-il décider ?

Voici le dénouement. M. A... fit guillotiner le frère de M. B... M. B... forcera M. A..., son beau-père, à se guillotiner lui-même dans une chambre, et pour sauver l'honneur des petits-enfants, on mettra ce dénouement effroyable sur le compte d'une folie de suicide.

Tel fut le scénario de drame que me lut Rollinat, après, je dois le dire, m'avoir ému ou charmé par des poèmes tour à tour lugubres ou follement gais, funèbres ou parfois un peu sadiques.

Mais ces soirées vagues, ces amours pour des modèles — ô plastique ! — plongeaient dans la ruine le pauvre employé des finances (126 fr. 25 par mois). Alors — oh ! alors ! plaignez-moi ! — je me suis mis à jouer. Oui ! en des tripots étranges, j'allais risquer mes 126 fr. 25 sur des cartes graisseuses, peut-être biseautées ! Oui !

Près du Panthéon, une espèce de brasserie à double fond ouvrait ses entrailles aux peloteurs de la dame de pique. On trouvait là durant les après-midi, à l'heure de l'absinthe, des pions de collège, venus des diverses officines à bachot des environs, des étudiants quelconques, peut-être bouchers ou marchants de grains ; puis, le soir, une foule cosmopolite, des êtres hybrides, des pochards et des gens de sang-froid. Sous les becs de gaz rutilants, un monsieur taillait un *bac* remarquable. Dans les coins sombres, on installait le chemin de fer des pauvres. C'était une usine à neuf ou à huit. J'y gagnais dès l'abord, oh ! naturellement. Puis, régulièrement, le sombre décavage s'appesantit sur ma frêle bourse, dévorant les appointements gagnés, les sommes empruntées à des tiers, les rares subsides envoyés par une famille terrible, croyant que l'on peut vivre, à Paris, fin dix-neuvième siècle, avec 126 fr. 25 par mois, après deux ans de surnumérariat gratuit.

Les amers décavages m'inspirèrent des défiances vis-à-vis des veinards perpétuels. Ce sont gens qu'on appelait jadis des *grecs*, sans qu'en vérité cette nation lointaine ait mérité, plus qu'une autre, cette renommée. Grecs ! soit !

Indignatio facit versum.

Indigné, j'écrivis des vers contre les grecs, mêlant les notions d'Homère, de saint Jean Chrysostôme et les racines grecques, apprises au collège avec mes rancunes de ponte ultradécavé, et de là sortit une pièce humoristique et sans grandes prétentions, que je me mis à débiter, le soir, au dessert, quand un faux alicante, ou un pseudo-champagne complétait les repas de thèse dans le quartier Latin. Cette pièce, dite par moi avec un accent extraordinairement périgourdin, me fit obtenir mes premiers succès. Ah ! je ne songeais point, en la composant, pas plus qu'en la récitant, que ce serait le point de départ d'une vie littéraire. Je la donne donc ici comme un document, bien qu'elle ait été publiée dans les *Fleurs du Bitume* (1) ; car c'est elle qui me fit sortir de la voie dramatique, pour retomber, longuement, dans le champ abrupt, vaste et sombre de la poésie :

LES GRECS

Un soir, Æmilios, prince de la Déveine,
Résolut de gagner (*mataïa*, chose vaine !)

---

(1) Un volume, Ollendorff, éditeur.

Quelques talents avec un sien napoléon,
Dans un obscur tripot, non loin du Panthéon.
La nuit venait. Phoïbè montra son front timide;
Le joueur revêtit sa laineuse chlamyde,
Et, vers l'antre où Ploutos présidait aux combats,
Il vint — comme les bœufs d'Ajax — les pieds en bas.
Le temple grec ouvrait sa hideuse poterne
Au bout d'un corridor, vrai sentier de l'Averne,
Où Phoïbos-Apollon était représenté
Par un lampion mort dans l'âcre obscurité.
Æmilios entra sous la voûte de plâtre,
Et, soudain, un éphèbe au tablier jaunâtre,
Qui répondait : « Vlàboum! » quand on l'interpellait,
Sur le seuil l'accueillit. La foule qui hurlait
S'arrêta, contemplant le jeune prosélyte;
Mais, comme il n'avait pas l'aspect d'un satellite,
Les Achéens pensifs se remirent au jeu.
Une épaisse fumée empestait le saint lieu :
Assis sur des trépieds d'une facture austère,
Les joueurs allumaient dans leur bouche un cratère,
Et leurs lèvres lançaient par des souffles puissants,
Vers des soleils de gaz, un nuage d'encens.

On voyait çà et là l'éphèbe dans les groupes;
Sur les tables de marbre il déposait des coupes,
Des amphores de verre à faux col solennel,
Où moussait le nectar jaune et blanc, hydromel
Que Gambrinos, rival de Dionysos l'antique,
Fait avec du houblon et de l'orge authentique.
Sur un autel de zinc trônait un grec lippu,
Chassieux comme un vieux Priapos, mais trapu,
Auquel, pour ce motif, tous les fils de Diogène
Portaient plus de respect qu'aux douze dieux d'Athène.

Entre temps, dans la foule, un cri retentissait : [sait :
« Nom de Zeus ! »—Quelque ponte, ayant pondu, glous-
« Taille ! taille ! banquier ! » (*Tailler !* verbe de proie,
Dont l'optatif futur, *gagnerai-je*, s'emploie
Avec le verbal *neuf*, ou *huit* diminutif;
Et *faire Charlemagne* est un infinitif
Dont les pontes présents seront les participes...
Confert Nieburh, *passim*, Burnouf, premiers principes).
Le ponte Æmilios, pâle, tremblant, séduit,
Comme un chant de sirène écoute tout ce bruit.

Quelques Thessaliens aux puantes cnémides,
Des Argiens subtils drapés dans leurs chlamydes,
Des gens crochus sortis de Sion, des Crétois
Fuyant le sol natal par-dessus les détroits,
Des athlètes qui n'ont des dieux aucune crainte,
Des filles de Lesbos, des femmes de Corinthe,
De leurs doigts exercés gagnaient les talents d'or
Que des Béotiens livraient au dieu du sort,
Et que, riant tout bas, cueillait la perfidie.
La banque les plumait, ces pigeons d'Arcadie !
Popoï ! Æmilios ne les regardait pas,
Il voyait seulement les vainqueurs des combats,
Et cherchait, pauvre fou ! de l'or en sa ceinture...
Ce temple nébuleux, cette atmosphère impure,
Tout l'excite ! C'est l'or dansant joyeusement !
L'encéphale s'enflamme au simple frottement
De ta roue, ô Fortune !!! Allons ! voici la proie !
Æmilios, debout, s'approche, et, plein de joie,
Lance sur le tapis un disque de métal.
Adieu les chers moutons d'argent : voici l'étal !

O grecs dégénérés ! ô fils de Thémistocle !
Si vos aïeux d'airain descendaient de leur socle,

Et, quittant pour un jour les champs Élyséens,
Venaient vous contempler, pâles Athéniens !...
S'ils voyaient à leur nom cette allure ambiguë ?...
Socratès reboirait sa coupe de ciguë.
Le vieux Démosthénès cracherait ses cailloux,
Et l'ample Isocratès se tairait devant vous !
O morts de Marathon, ô morts de Salamine,
Héros marmoréens que la gloire illumine,
C'est avec l'écarté — du grec *écartaïos* —
Que vos petits-neveux plument Æmilios.

Æmilios perdit jusqu'aux disques de cuivre,
Pauvre Béotien que la fureur rend ivre !
Les Achéens riaient ! Æmilios s'assit,
Et, remarquant sa coupe intacte, il la saisit,
Et, nerveux, il brisa contre terre le vase ;
Puis, pour payer la casse, il laissa son pétase ;
Et, jetant un regard suprême au temple grec,
Le cœur gros, il sortit complètement à sec.
Le joueur se sentait l'encrânion malade ;
Il maudissait tout bas sa stupide incartade :
« J'en jure, disait-il, par les dieux souterrains !
« Je voudrais vous tenir, et vous briser les reins,
« O Grecs ! » — Il s'adressait aux Argiens avides !
Trop tard ! ses mains tâtaient ses larges poches vi-
« Adieu, champs où jadis s'élevait Ilion ! »   [des :
Et je montrais le poing aux murs du Panthéon,
Tandis qu'exécutant les ordres des Archontes,
Des archers à pas lents venaient cueillir les pontes.

Cette simple plaisanterie rimée fit plus pour moi qu'un énorme drame en vers sur la guerre de 1870, que deux comédies en vers, qu'un drame en prose, que les sonnets soignés, finis, léchés, que je colportais deci delà. O hasard ! Je récitais cette pièce à l'heure où, dans les tables d'hôte, après un repas modeste, mais gai, on demande *à chacun la sienne.* C'était là ma chanson du dessert. Je n'y attachais pas autrement d'importance, rêvant mieux, ô ambition ! lorsqu'un soir un jeune homme, républicain enragé, qui fondait un journal politique dans le quartier Latin, me demanda ces vers, pour les mettre en feuilleton, dans son premier numéro. On me demandait mes vers ! Enfin ! Vous pensez si je les donnai.

Mais ici se place un incident absolument inattendu. Aussitôt après la publication de cette plaisanterie versifiée, la colonie grecque de Paris, toute la colonie hellénique, y compris les attachés à la légation, les attachés civils et les militaires, s'émut; une réunion eut lieu, au cours de laquelle on discuta les plus féroces motions. J'eus beaucoup de peine à éteindre cet incendie. J'y fus aidé par le peintre Kalloudis, un Hellène qui suivait les cours de l'École des Beaux-Arts, par Duc-Quercy, qui, avant d'être socialiste émérite, était professeur, et comptait parmi ses élèves une foule de jeunes Grecs, et surtout par

M. de S..., ancien ministre plénipotentiaire à Athènes, qui démontra à ces braves patriotes que je n'avais nullement essayé d'insulter la jeune Hellade, dont la sympathie pour la France et le courage se sont admirablement montrés aux heures cruelles de 1870.

Cette aventure eut un résultat inattendu : c'est que je devins à ce point assidu au restaurant turco-grec, que la caissière, une grande blonde... non, je ne le dirai pas, c'est encore de la vie privée. Que voulez-vous ? J'habitais en face.

Aussitôt, j'écrivis un pendant à cette pièce des *Grecs*, sous ce titre : *les Romaines*. Les filles de la Ville éternelle ne m'ont jamais envoyé de cartel, et je le regrette.

V

Le désert. — Fumisme et ministère. — Le sourd par persuasion. — Éloge de la blague. — Thamar. — Guy Tomel. — La fête de Nina. — Article nécrologique. — Souvenirs de la rue des Moines : les drames comiques de Villiers de l'Isle-Adam.

Le quartier Latin devenait alors semblable à un petit désert. Richepin l'avait quitté pour aller habiter Montmartre, Bouchor n'y faisait que de rares apparitions, Bourget se confinait dans le travail, Guy de Maupassant, qui, sous le pseudonyme de Guy de Valmont (1), venait de pu-

(1) Voici les premiers vers publiés par Guy de Maupassant, sous son pseudonyme Guy de Valmont.

UN COUP DE SOLEIL.

C'était au mois de juin. Tout paraissait en fête.
La foule circulait, bruyante et sans souci,
Je ne sais trop pourquoi j'étais heureux aussi ;
Ce bruit, comme une ivresse, avait troublé ma tête.

blier ses premiers vers dans la *République des Lettres*, se tournait du côté de la prose, et fréquentait assidûment Émile Zola, après les heures consacrées à son bureau du ministère de la marine. Maurice Rollinat, qui venait de publier son volume *les Brandes*, juste à la veille du 16 mai, heure funeste et véritablement antilittéraire, était parti en province, avec une jaunisse de désespoir. La *République des Lettres* s'était transportée rue de Châteaudun, loin du Sherry-Cobbler, et le Sherry-Cobbler s'éteignait sous une avalanche de papiers timbrés.

Georges Lorin et moi, nous étions mélanco-

> Le soleil excitait les puissances du corps;
> Il entrait tout entier jusqu'au fond de mon être;
> Et je sentais en moi bouillonner ces transports
> Que le premier soleil au cœur d'Adam fit naître.
>
> Une femme passait; elle me regarda,
> Je ne sais pas quel feu son œil sur moi darda,
> De quel emportement mon âme fut saisie;
> Mais il me vint soudain comme une frénésie
> De me jeter sur elle, un désir furieux
> De l'étreindre en mes bras et de baiser sa bouche!
> Un nuage de sang, rouge, couvrit mes yeux,
> Et je crus la presser dans un baiser farouche.
> Je la serrais, je la ployais, la renversant;
> Puis, l'enlevant soudain par un effort puissant,
> Je rejetai du pied la terre, et, dans l'espace
> Ruisselant de soleil, d'un bond je l'emportais.
> Nous allions par le ciel, corps à corps, face à face,
> Et moi, toujours vers l'astre embrasé je montais,
> La pressant sur mon sein d'une étreinte si forte
> Que, dans mes bras crispés, je vis qu'elle était morte.

liques, le soir, et nous allions nous attabler, pensifs, au petit entresol de la rue Racine. La politique tourbillonnait en conversations violentes : le duc de Broglie et M. de Fourtou semblaient alors plus inévitablement célèbres que n'importe quel Homère ou quel V. Hugo. Les âpres discussions sur les 363 nous poursuivaient au restaurant, au café, à la brasserie. Georges Lorin les retrouvait à son atelier, rue Madame, chez Testut et Massin, les grands entrepreneurs de chromolitographies ; moi-même, je les sentais couver sous le silence terrorisé des employés du ministère.

Ce fut une période lamentable, où il semblait que jamais plus, au grand jamais, on ne s'occuperait de littérature. C'était à y renoncer. Mais de mes fréquentations avec l'illustre Sapeck, j'avais conçu le *fumisme*, une sorte de dédain de tout, de mépris en dedans pour les êtres et les choses, qui se traduisait au dehors par d'innombrables charges, farces et *fumisteries*. Dans le silence du ministère financier, je me faisais la main. Ce fut une époque terrible et joyeuse.

J'étais alors employé dans la grande galerie des Rentes, je ne pointais plus, je payais, sans être plus payé pour cela. Un jour, un grand garçon maigre, long, blême, entre dans le bureau. C'était le nouveau. Quelqu'un vint me rapporter un propos tenu par ce débutant sur mon compte ; il avait dit : « Je vais donc voir de près cette bête curieuse qui s'appelle un poète ! »

Fort bien ! voici à peu près en quels termes je l'accueillis, avec le plus grand sérieux :

— Permettez-moi, monsieur et cher confrère, de vous saluer au nom de la circonvallation astrale, dont la plus-value sereine, adéquate, mais illusoire, fuligine l'espace, et nous laisse pourtant vivre en bonne amitié avec les gastéropodes que le hasard nous envoie.

L'autre demeura ébaubi. Puis, profitant d'une minute de répit, il alla demander par toute la galerie si je n'étais pas fol à lier. Les camarades, mis au courant, lui déclarèrent au contraire que je brillais par une netteté invraisemblable.

Tout le temps que durèrent mes relations avec cet éphèbe, je me servis de ce même langage :

— Veuillez, je vous prie, monsieur et cher collègue, si toutefois l'ingénuité retorse et paraphrastique des cosinus vous le permet, et si, par les pluviales onomatopées, dont le circulus infrangible et pénétratoire déverse sur l'aridité contemporaine le vitréisme des espaces, si enfin la substantiation des désirs rêvés se peut accomplir, veuillez me faire passer l'état numéro 2 du chapitre des dépenses.

L'œil de ce malheureux garçon révélait une profondeur d'épouvante, et, comme il paraissait ne pas comprendre, je lui criais d'une voix de stentor :

— Seriez-vous sourd, homme à la barbe cruelle? qu'un rapide initiateur mental perfore céans votre trompe eustachienne, mellifluc!

Peu à peu, il se fit une conspiration pour faire croire à cet infortuné qu'il était réellement sourd. Mais ce qui le lui persuada, ce fut l'aventure suivante.

On colla sur le vitrage de son bureau la mention suivante, en énormes lettres :

— Parlez très fort, le contrôleur est absolument sourd.

Il faut dire, dès l'abord, que, pour le payement des rentes, on se présente à un premier guichet au-dessus duquel est inscrit ce mot : *Payeur*, puis on passe au guichet suivant : *Contrôleur*. Là, on est obligé d'attendre qu'un travail spécial de bureau soit parachevé. Puis, au bout d'un temps plus ou moins long, on se présente au guichet suivant : *Caisse*.

A chacune de ces stations, le payeur, le contrôleur et le caissier demandent au rentier : Combien avez-vous à toucher ? C'est une façon d'éviter les erreurs de personnes. Cela se fait à voix discrète, sans aucun tumulte, comme on pense.

Ce jour donc où fut inscrit « l'Avis au Public », il se produisit ceci : le premier rentier qui se présenta au payeur répondit à la question : Combien avez-vous à toucher ? par un chiffre, 753 fr. 25. Le payeur lui dit alors : Passez au guichet de contrôle. Demeurant là, oisif, pendant une minute ou deux, le rentier aperçut l'Avis, et quand enfin le contrôleur ouvrit son guichet, demandant à son tour : Combien avez-vous à toucher ? Ce fut d'une voix terrible, en gonflant les joues et en se faisant un porte-voix des deux mains que le rentier hurla : Sept cent cinquante-trois francs vingt-cinq centimes.

L'ahurissement du contrôleur fut profond, d'autant plus profond que le même rentier, si inopinément pris du besoin de crier, passant au guichet suivant, répondit au caissier d'une voix fort douce.

Il en fut de même des autres qui se présentèrent tout le long de la journée. Cela révolutionnait la galerie, et l'infortuné demandait : Qu'ont-ils tous à clamer de la sorte ?

Je lui répondais : Monsieur et cher collègue, l'impétrance argentoïde dont la fressure est secouée clame par les fissures laryngiformes, pour de là tympaniser, vibratoire, les comparses de la gabelle.

Vers le soir, le chef du payement, qui n'a aucun droit sur les employés du contrôle, vint à passer, ouït les clameurs des rentiers, s'approcha, puis, ayant lu la pancarte, alla quérir le chef du contrôle, qui, après constatation, se précipita dans le bureau, disant d'une voix naturelle, en s'adressant aux autres employés :

— Eh bien ! eh bien ! qu'y a-t-il ?

Puis, se penchant vers l'oreille du contrôleur, et glapissant, il lui dit :

— Quand on a une infirmité de ce genre, on avertit son chef, et l'on ne reste pas dans un service en contact avec le public ; je vous mettrai demain dans le bureau central.

Ainsi fut fait. Qu'on ne croie pas toutefois que le service fût ralenti par ces plaisanteries ; le service est long naturellement sans que les employés y soient pour rien. Les employés des caisses de l'État, je le dis sincèrement, étant sous l'œil du public, dans des cages de verre, s'acquittent aussi vite qu'ils peuvent de leur besogne, d'autant certes que plus vite elle est terminée, et plus tôt ils peuvent s'en aller. On doit se fier à cela. Des bureaux clos aux regards du public, je n'en dirai pas autant.

Ces facéties et bien d'autres du même genre pouvaient distraire un instant; mais cela n'avait rien de littéraire. Si je cite cette anecdote, c'est pour faire pressentir comment cette génération qui avait tant de raison d'être pessimiste luttait par la gaieté contre les ennuis et les jaunisses. Plus tard aux Hydropathes, comme au Chat noir, il y eut toujours, en même temps que des poussées littéraires et artistiques souvent schopenhauériennes, une large part faite au désopilement de la rate. Et vraiment, à travers tant de déboires qui accueillent les débuts, je dois un cierge à Sapeck pour m'avoir initié à cette folie intérieure, se traduisant au dehors par d'imperturbables bouffonneries.

La trop grande gravité des jeunes artistes, le *pontificat* est, je pense, d'une mauvaise hygiène. Quel mal y a-t-il à ce que, vers leur vingtième année, les hommes, suivant le bon conseil du maître Ernest Renan, se livrent à la joie?

J'ai l'air ici de plaider les circonstances atténuantes, et c'est peut-être vrai : tant on a depuis reproché à quelques-uns d'entre nous l'aspect fou, la conduite échevelée, bizarre, le rire, et les grands éclats de gaieté. Ç'a été un crime en notre doux pays de France ! Étrange ! je le constate sans rancœur, et si c'était à recommencer, j'agirais encore de même. Mieux vaut être demeuré vivant grâce à l'insouciance, que d'être mort stoïquement de misère, en se drapant dans un manteau de héros byronien. Si parfois nous avons dépassé la limite permise au rire, nous n'avons pas du moins allumé le réchaud d'Escousse, ni cherché le foulard de Gérard de Nerval. C'est bien quelque chose.

Mieux vaut goujat debout qu'empereur enterré !

D'autre part, cet exercice de blagueur à froid, ces essais de mise en scène fumiste, donnaient au provincial l'aplomb dont sa timidité avait un rude besoin.

Oh! sans doute, à coudoyer les poètes, j'avais déjà perdu quelques illusions. Ils n'apparaissent plus titaniques, non, non, non ! C'était des êtres qui buvaient, mangeaient, se mouvaient, aimaient à la façon ordinaire ; néanmoins ils semblaient posséder en eux-mêmes une confiance inouïe que je trouvais supérieure. Évidemment, c'était l'infériorité des voisins qui les grandissait ainsi. Et moi, *ed'io anché*, je pouvais grandir devant les inférieurs, et les molester, et les tenir sous ma coupe. Cela me donnait de l'allure. Et, toutefois — admirez la contradiction ! — j'éprouvais toujours un vague remords à me moquer des faibles et des petits. Une bonté naturelle — bonté bête ! — me forçait à les plaindre. Je fis même des excuses à ce pauvre diable de contrôleur que j'avais malmené.

De là naquit en moi, au lieu de la haine sociale, haine que j'aurais pu concevoir contre les détenteurs de la publicité, contre les égoïstes qui ne voyaient qu'eux et leurs camarades, d'après cet axiome du poète Gilbert : Nul n'aura de l'esprit, hors nous et nos amis ! au lieu d'une fureur contre le mauvais état actuel de la *chance*, oui, naquit en moi une tendresse pour les humbles poètes qui, pauvres honteux de l'idéal, se consument en des mansardes ignorées. A voir tant de génies quelconques émerger facilement au jour, grâce à la complicité des camaraderies, je regardais aussi vers les toits, les fenêtres éclairées des septièmes au-dessus de l'entresol, rêvant peut-être qu'un génie inconnu se débattait là contre la difficulté d'apparaître, dans le sombre nuage de l'Inédit. Je croyais entendre une voix crier à ces Prométhées de nos greniers caucasiques : Tu seras obscur à perpétuité !

Et m'imaginant que bien des forces se perdaient ainsi, je devenais apôtre. Oh ! rêve ! j'aurais voulu ouvrir toutes grandes les portes d'un théâtre imaginaire et grandiose à ces assoiffés de gloire. L'idée du théâtre des *hydropathes* devait sortir de là. Passons.

Thamar, maîtresse infidèle, avait raté plusieurs rendez-vous, un entre autres, le mardi-gras. Où était-elle allée, la statue ? probablement vers quelque Élysée-Montmartre. Je lui écrivis en vers, ce qui est le comble de la vengeance.

Quelque temps après, comme elle ne m'avait pas répondu, soit qu'elle n'eût rien en effet à me dire, soit qu'elle se méfiât avec raison de son orthographe, car l'orthographe, chez elle, était bien inférieure à la plastique, bref !

quelque temps après, je résolus, la prévenant par un mot, d'aller la voir, rue du Montparnasse.

Elle habitait là, avec une espèce de sorcière qui lui servait de domestique et de *conseillère.* Je passai sur le corps de cette duègne, et me précipitai dans le petit salon, où un spectacle inattendu me cloua, hébété, debout, simulacre du désespoir.

Thamar, demi-nue, assise sur des coussins devant un feu de coke, raclait une guitare. Des sequins dans les cheveux, un collier de perles fausses sur la gorge nue, les yeux perdus dans le vague, une cigarette au coin de la lèvre, elle secouait les cordes grêles de cet instrument de torture espagnol. Deci, delà, brûlaient des pastilles du sérail, répandant une forte odeur d'encens et de musc. C'est elle, naturellement, que j'aperçus dès l'abord. Mais, plus loin, un monsieur jeune, tenant entre ses jambes son parapluie, sur lequel il avait placé son chapeau rond, avait l'air d'être plongé dans une demi-extase.

Après avoir foudroyé de mon regard exaspéré la belle Thamar, qui, impassible, grattait toujours les cordes de sa guitare, ô torture! je dévisageai le convive de ce sérail, ô pastilles! Lui, me regarda aussi ; puis, s'adressant à Thamar, il déclara :

— C'est celui qui t'a envoyé les vers ?

Elle fit signe : oui, de la tête, balançant au bout de ses lèvres sa cigarette qui s'éteignait — seul et vague indice d'une émotion contenue, oh ! très contenue.

Alors, le monsieur jeune se leva, prit son parapluie d'une main, son chapeau de l'autre, et s'inclinant courtoisement, il me dit :

— Nous n'allons pas être ridicules, n'est-ce pas ? Je voudrais vous dire deux mots sur le balcon. Là !

— Volontiers, répondis-je.

Nous passâmes sur le balcon ; et, quand il eut refermé derrière nous la double porte, le monsieur jeune me dit :

— J'ai lu avec beaucoup d'intérêt les vers que vous avez envoyés à Nini-Thamar. Je ne voudrais pour rien au monde entraver un amour tel que celui que vous dépeignez ; et plutôt que de couper la gorge d'un poète, je préfère vous laisser la place libre, si vous y tenez.

— Hum ! hum ! fis-je.

— Nous battre serait absurde ! Cette fille ne

vaut pas l'honneur que vous lui faites de l'aimer comme une déesse...

— Brisons-là, lui dis-je. Je suis ridicule, tant pis pour moi ; mais ça me passera. Rentrons, et je me retirerai dans cinq minutes, c'est tout ce que je m'accorde pour faire intérieurement le testament de ce grand amour.

Nous rentrâmes. Thamar dissimulait son inquiétude sous des gammes frénétiquement guitaresques. Notre silence l'accompagnait, l'enveloppait.

Comme je me levai pour sortir, le monsieur jeune dit :

— Nous allons échanger nos cartes, n'est-ce pas ?

— Volontiers.

Sous l'œil inquiet de Thamar, les deux héros échangèrent leurs cartes.

— Puis-je aller chez vous demain ? dit le monsieur jeune.

— Parfaitement.

Et je m'évadai, lisant sur la carte de mon successeur :

GUY TOMEL
HOMME DE LETTRES

Le lendemain matin, malgré les supplications

de Nini-Thamar, Guy Tomel déserta sa couche d'odalisque et se rendit chez moi :

— Vous ne m'en voulez pas, dit-il.

— La nuit porte guérison, répliquai-je.

— Eh bien! ajouta Guy Tomel, je suis heureux de cette bizarre coïncidence qui me fait vous connaître; car je suppose que si vous envoyez à des modèles d'atelier des vers qui m'ont paru exquis, vous devez en avoir composé d'autres, et c'est pour les lire que je suis venu.

— Mais je suis auteur dramatique, m'écriai-je.

— Ta, ta, ta, vous devez avoir écrit beaucoup de vers; ne dissimulez pas.

Je laissai ce Guy conquérant fouiller dans mes tiroirs. L'examen fut favorable; car il me déclara que si je ne publiais pas un volume de vers d'ici peu de temps, j'étais un misérable.

Ainsi je trouvais, par hasard, un homme qui, d'autorité, m'arrachait aux drames, comédies et vaudevilles, pour me replonger dans la poésie.

Guy Tomel était professeur, il fut aussi, à mon égard, un peu prophète. Je l'en remercie, sans trop l'en remercier, il y a des heures où je préférerais de beaucoup être devenu fabricant d'opérettes. Enfin !

Tout s'enchaîne d'ailleurs.

Un soir, Georges Lorin me déclara qu'on s'ennuyait ferme vers l'Odéon, qu'il existait un omnibus unique au monde : Batignolles-Clichy-Odéon, indiquant par son intitulé même qu'un trait d'union existe entre ces localités éloignées ; que, d'autre part, c'était mercredi, et que le mercredi, Mme Nina de Villard, aidée de sa très aimable mère, Mme Gaillard, recevait des poètes, des peintres, des sculpteurs et des musiciens, sans compter les dilettanti uniquement préoccupés d'écouter des artistes en dégustant quelques bières ou plusieurs punchs.

C'était fête ce soir-là, grande fête, dans le petit hôtel de la rue des Moines qu'habitait Nina de Villard, Nina tout court, comme on l'appelait camaradement. C'était sa fête à elle ; une illumination, des lanternes vénitiennes, des feux de Bengale, des chansons, des poèmes, des musiques, une foule de poètes et d'artistes venus pour applaudir la comédie et saluer la belle Nina, qui, souriante, gracieuse, dans sa robe *chair et sang*, passait rayonnante, distribuant les poignées de main, de sa petite main si fine. La belle fête de Nina, celle dont plus tard, aux heures où son esprit s'était assombri, lorsqu'elle s'appelait elle-même *la morte*, elle disait : C'a été mon plus beau jour !

Là étaient revenus ceux mêmes qui ne fréquentaient plus le salon hospitalier de la rue des Moines : François Coppée, Racot, Anatole France, Léon Valade, Camille Pelletan, Catulle Mendès, Jean Richepin, Germain Nouveau, Paul Alexis, Coquelin cadet, Villiers de l'Isle-Adam, les trois Cros, Marcellin Desboutins, Henry Ghys, et bien d'autres que j'oublie : le très bizarre nécromant et magicien Delaage, l'apocalyptique musicien Cabaner, et de Sivry, musicien aussi, mais plutôt cabaliste ferré de science occulte, l'excentrique Toupier-Bézier, et l'intransigeant Bazire, et le réactionnaire Léo Montancey, et le bon géant Boussenard, et son frère le voyageur Louis Boussenard, et le marin des Essarts, et le dessinateur Forain, etc., etc.

Parmi les femmes qui assistaient à cette fête, je citerai Mmes Augusta Holmès, le poëte-compositeur; Marie de Grandfort, rédacteur assidu de *la Vie Parisienne;* Mme de Rute, qui était encore Mme Rattazzi; Mme Lhéritier, et d'autres et d'autres encore.

C'était l'époque radieuse de Nina, le point culminant de sa vie de jolie femme et d'éminente artiste. Riche, elle n'avait encore trouvé que des sourires; musicienne accomplie, elle avait soulevé des bravos, en exécutant soit les grandes œuvres des maîtres, soit des compositions ciselées par elle. Puis, de la musique à la poésie, son délicat esprit n'avait fait qu'un bond. Alors rue Chaptal d'abord, puis rues de Londres et de Turin, elle avait ouvert un salon où venait tout ce que Paris artiste, jeune et pimpant, comptait d'espérances. Enfin, rue des Moines, dans cet hôtel où je la vis, elle continuait d'ouvrir son hospitalière maison aux poètes lyriques, gais ou tristes, aux musiciens, aux peintres, aux épris d'art et de fantaisie, si enthousiaste elle-même et ravie par le cliquetis des rires et la sonorité des belles chansons. Époque étourdie et joyeuse! où la mort elle-même, — la mort qui a déjà fait une large récolte dans le milieu dont je parle : Chatillon, Racot, Cabaner, Léon Valade, Léo Montancey, mon pauvre cher frère — la mort fut chansonnée par Nina, qui si tristement devait mourir, ayant perdu son rêve et son âme au fond de quelque puits noir. Voici le testament qu'elle écrivait en ce temps-là, si près encore et si lointain.

TESTAMENT

Je ne veux pas que l'on m'enterre — Dans un cimetière triste ; — Je veux être dans une serre, — Et qu'il y vienne des artistes.

Il faut qu'Henri (1) me promette — De faire ma statue en marbre blanc, — Et que Charles (2) me jure sur sa tête — De la couvrir de diamants.

Les bas-reliefs seront en bronze doré. — Ils représenteront — Les trois Jeanne, puis Cléopâtre, — Et puis Aspasie et Ninon.

Qu'on chante ma messe à Notre-Dame, — Parce que c'est l'église d'Hugo ; — Que les draperies soient blanches comme des femmes, — Et qu'on y joue du piano.

Que cette messe soit faite par un jeune homme — Sans ouvrage et qui ait du talent. — Il me serait très agréable — Que de la chanteuse il fut l'amant.

Enfin que ce soit une petite fête — Dont parlent huit jours les chroniqueurs. — Sur terre, hélas! puisque je m'embête, — Faut tâcher de m'amuser ailleurs.

C'était l'époque où à sa mère, Mme Gaillard, si bonne sous son ironie, si charmante et telle qu'une aïeule du XVIIIe siècle, indulgente et spirituelle, elle adressait ce dizain comique et

(1) Le sculpteur Henri Cros.
(2) Le poète Charles Cros.

tendre, après quelque gronderie vague sans
doute :

A MAMAN

> Va, n'espère jamais ressembler à ces mères
> Qui font, à l'Ambigu, verser larmes amères ;
> Tu n'es pas solennelle, et tu ne saurais pas
> Maudire avec un geste altier de l'avant-bras ;
> Tu n'as jamais cousu, jamais soigné mon linge,
> Tu t'occupes bien moins de moi que de ton singe ;
> Mais, malgré tout cela, les soirs de bonne humeur,
> C'est avec toi que je rirai de meilleur cœur ;
> Ensemble nous courrons premières promenades,
> Car je te trouve le plus chic des camarades (1).

Je me rappelle quel accueil me fut fait en cette maison, et comme ma timidité s'évanouit peu à peu. On disait des vers, et les applaudissements de même que les critiques de Nina portaient juste. Là, je récitais *les Grecs*, *les Romaines*, et bien d'autres poèmes ; je me débarrassai peu à peu du terrible accent gascon ; au lieu d'avoir l'air de mâcher de la braise et du fer, je m'appris, en compagnie des musiciens poètes et des diseurs de vers nouveaux, à adoucir les sons barbares, à discipliner les syllabes fauves.

(1) *Feuillets parisiens*, volume posthume de Nina de Villard.

C'est dans cet artistique salon de Nina que je fis ainsi véritablement mes premières armes, et je devais bien cet hommage, ici, à la pauvre morte. Des gens, qui la connurent à peine, l'ont accablée de critiques acerbes en des articles de journaux, et nul de ceux qui pouvaient répondre, ayant une tribune prête, ne l'a fait. Et même, lorsqu'on la conduisit au cimetière — ah! non pas comme elle l'avait voulu dans son testament, non pas en *petite fête!* non — nous étions à peine une vingtaine. Comme articles jetés en guise de fleurs sur sa tombe, elle n'eut guère que celui-ci, qu'une amie des mauvais jours écrivit, au retour de cette cérémonie lamentable :

NINA DE VILLARD

« On l'a enterrée dans sa robe japonaise. La première fois que je la vis, elle la portait ; c'était un vêtement de satin noir, tout brodé de fleurs éclatantes et merveilleuses, acheté pour elle à Yeddo. Elle avait sur le haut de sa tête, massés en un nœud lourd, ses admirables cheveux sombres, luisants et lisses ; des épingles brillantes et bizarres, de la même provenance que la robe, formaient une sorte d'auréole autour de son chignon. Je fus frappée de la beauté de ce visage pâle et tranquille : le velouté des yeux, le dessin du nez, la grâce du sourire, formaient un ensemble harmonieux, paisible, presque sévère, qui contrastait avec l'éclat un peu bruyant de sa toilette excentrique.

« On venait de la peindre dans ce costume : à demi couchée sur un canapé bas, entourée de fleurs et d'éventails. Elle en montrait une joie enfantine. Ce fut l'époque marquante de sa vie, dont le souvenir ranimait son esprit, pendant les trois années troublées qui ont précédé sa mort. Tout datait de là. — J'étais belle, alors, disait-elle avec mélancolie... *J'étais belle parce que j'étais heureuse*... Et le passé revenait avec mille petits détails intimes, tendres ou joyeux, qui ramenaient la vie dans ses regards et sur ses lèvres.

« Tant qu'elle fut bien portante et entourée, je la voyais peu, malgré la sympathie très vive que m'inspiraient sa remarquable intelligence et ses goûts artistiques ; il y avait trop de monde dans le petit hôtel de la rue des Moines pour qu'une intimité pût s'établir entre nous. —

C'est plus tard, quand j'appris qu'elle était malade, que je la revis et que je devins son amie ; — pendant six mois j'y suis allée chaque jour.

« Quand je la retrouvai rue Notre-Dame-de-Lorette, dans cette même maison d'où est parti le funèbre cortège, Nina ne voulait plus quitter son lit. Je la vois encore. Elle avait fait un peu de toilette pour me recevoir. Une chemise de soie bleue garnie de dentelles blanches, un nuage de poudre sur les joues, et ses cheveux toujours beaux bien lissés autour de son front. Je la trouvai à peine changée. Aucun signe ne trahissait le mal qui devait l'emporter. Elle se disait morte, et souvent cette phrase navrante revenait sur ses lèvres décolorées :

« *Quand je vivais.* — Quand je vivais, j'ai-
« mais ceci ou cela ; je portais des robes claires
« et des grands chapeaux à plumes tombantes...
« On venait me voir... On me trouvait belle, —
« on m'aimait. — Aujourd'hui que je suis
« morte, on me laisse seule, je fais peur... et
« je n'ai rien pour m'habiller. »

« Quand nous parvenions à la faire se lever, il y avait des soirs où la Nina d'autrefois reparaissait presque entière avec sa fine gaieté, son entente admirable des choses artistiques et la façon tranquille, aisée et correcte dont elle savait faire sa phrase ; si, sur mes instances, elle se mettait au piano, c'était toujours la musicienne exquise — elle n'avait rien perdu de son talent ; ses petites mains étroites, fluettes, couraient alertes sur le clavier comme des oiseaux apprivoisés ; si, autour de la grande table, on s'asseyait pour faire des vers ou des bouts-rimés, l'improvisation de Nina était toujours la meilleure et la plus prompte. J'ai gardé celle qu'elle fit un soir. Elle était déjà bien malade et avait eu une crise violente dans la journée ; — pour la distraire, je la priai d'écrire quelques lignes — elle se pencha sur la table, prit un bout de papier et traça d'un trait les vers suivants :

> Vénus aujourd'hui met un bas d'azur
> Et chez Marcelin (1) conte des histoires ;
> Elle garde au fond, dans le vert si pur
> De ses grands yeux clairs sous leurs franges noires.
> Le reflet du flot son pays natal.
> Quand au boulevard on la voit qui passe,
> Déesse fuyant de son piédestal
> Et venant chez nous promener sa grâce,

(1) *La Vie parisienne.*

> On lui voudrait bien dresser des autels,
> Mais elle répond que cela l'ennuie
> Et qu'elle permet aux pauvres mortels
> De parler argot en sa compagnie.

« Personne, d'ailleurs, ne savait écouter comme elle, même dans ses dernières années. Assise dans son fauteuil, le visage placide, le corps un peu affaissé, elle entendait tout et comprenait la première les moindres nuances de ce qu'on disait; quand Villiers de l'Isle-Adam lisait un de ses contes, ou Émile Goudeau une de ses poésies nouvelles, avec un jugement admirable elle en savourait et analysait aussitôt les beautés ou les côtés faibles. — *Je suis une femme éprise de choses belles*, a-t-elle écrit quelque part. On ne pouvait mieux se peindre et se résumer.

« On a beaucoup parlé de son salon, de ceux qui l'ont traversé, qui ont fait là une halte en attendant la fortune ou la célébrité; — mais quant à elle, elle a été jugée cruellement et superficiellement, — on a même dépassé à son égard la mesure permise. Les hommes ne sont pas doux pour les femmes, ni indulgents — ni reconnaissants. — L'ingratitude qu'on lui a montrée dépasse tout ce qu'on peut croire, et elle a dû en souffrir plus terriblement qu'elle ne voulait le dire : on raconte qu'elle en est morte, et que sa maladie a commencé après un article odieux écrit contre elle ; — je ne le crois pas — la fêlure devait exister auparavant ; sans cela, se serait-elle ainsi désespérée ? Bien portante et saine d'esprit, elle eût fait de la chose le cas qu'elle méritait — après une heure d'énervement, un profond oubli.

« Ç'a été une grande pitié pour tous et un immense chagrin pour ses amis que d'avoir assisté à l'assombrissement de cette intelligence si délicate et si élevée. La mort, qu'elle a appelée les mains jointes, les yeux remplis de larmes, avec des cris si déchirants et des révoltes si passionnées, est enfin arrivée. J'ai assez aimé et estimé Nina pour ne pas la plaindre d'être partie avant nous. — Nous n'étions pas bien nombreux autour de son cercueil — pas bien nombreux autour de la mère désolée… Si tous ceux qui leur doivent cependant avaient été là, l'assistance eût été considérable. On citait tout bas les plus ingrats parmi ceux qui sont devenus célèbres. Ils n'allaient plus chez elle, soit — mais ils lui devaient bien cette dernière visite.

« Là-bas, dans la sombre maison où elle était depuis deux jours, on a chaussé de bas de soie rose et de souliers de satin ses petits pieds — on l'a habillée, suivant sa dernière volonté, de sa robe japonaise, étoffe de satin brochée de fleurs brillantes, témoin des joies enfuies et d'un passé resté vivant dans son cerveau malade — on a croisé sur son sein ses mains de femme, de poète, de musicienne, — on a ramené sur son front ses épais cheveux noirs. La trace des dernières souffrances, des dernières luttes, du suprême désespoir, a disparu dans le calme de la mort ; Nina a retrouvé tout entière la beauté de sa jeunesse, celle qu'elle pleurait avec tant d'amertume et de si poignants regrets.

« *Signé :* MARIE DE GRANDFORT. »

La fin, en effet, de cette existence avait été aussi sombre que furent joyeuses les années où je vins m'asseoir à la table hospitalière de l'hôtel des Moines. Ce nom de Moines me remémore le scénario fou, la pièce extravagante que Nina avait composée en collaboration avec Richepin, je crois, et Germain Nouveau, un drame bizarre où se trouve ce vers épique :

J'ai pour tout nom Didier, je m'appelle Enguerrand.

Je vois encore, à la période gaie, le vieux Châtillon récitant *la Levrette en paletot*, et j'entends d'ici la voix terrible de Toupier-Béziers, clamant :

— Oui, mon fils, j'ai voulu être une hirondelle voltigeant au-dessus des casseurs de cailloux, j'ai bu de l'air et de la lumière ; mais il faut être abeille ! Voilà, les ailes ne suffisent pas ! Aujourd'hui, je ne suis plus qu'un vieux saladier sans salade !...

Nina, doucement, interrompait ce tonnerre :

— Qu'a-t-il ? mais qu'a-t-il donc ? Qu'est-ce que vous lui faites, Emilios ? (C'était là mon nom.) Pourquoi torturez-vous Toupier ?

Je m'excusai de mon mieux, prétextant qu'entraîné par mon maudit accent hispano-italo-grec, j'avais appelé le poète Toupier : Toupiéro-Béziéro !

Et de rire, Toupier le premier.

C'est encore là que Villiers de l'Isle-Adam, l'artiste raffiné du *Nouveau-Monde*, d'*Azraël*, des *Contes cruels*, débitait, avec un air satanique et un rire silencieux, les petits drames suivants :

Premier drame : La scène représente une chambre avec un lit ; dans le lit, une femme se tord ; autour d'elle, tout ce qu'il faut pour accoucher : un médecin, une sage-femme, des vases, des fioles ; une odeur fade. L'enfant exhibe péniblement sa tête ; il ouvre les yeux, regarde ce spectacle, puis il s'écrie : — C'est ça, la vie ! Oh ! — Et il rentre.

Deuxième drame : Un monsieur, très exaspéré, armé d'un coutelas, bondit hors d'un fiacre, entre dans une maison, gravit l'escalier, enfonce une porte. Sur un lit, un monsieur et une dame sont en proie à l'amour. Le nouveau venu plante si roidement son coutelas, qu'il transperce le couple en criant : Misérables ! Puis, il retourne les infortunés ; stupéfait il les contemple, et dit : Oh ! oh !

Il s'était trompé d'étage.

Combien de bonnes heures furent dépensées là, tantôt à écouter d'austères musiques, tantôt des poèmes, tantôt des billevesées.

Adieu, pauvre Nina !

— Je ne veux pas que l'on m'enterre — Dans un cimetière triste ; — Je veux être dans une serre, — Et qu'il y vienne des artistes.

Elle a sa tombe couverte de fleurs, au cimetière Montmartre, près des artistes, et je lui envoie ces lignes, comme une suprême carte de visite.

VI

Charles Cros: *Le Coffret de santal*. — L'inventeur. — Les monologues. — André Gill: *la Muse à Bibi*. — La recherche de l'éditeur. — Les *Fleurs du Bitume*.

C'était à Nina qu'était dédié *le Coffret de santal*, volume de vers écrits par le poète Charles Cros. Poète et aussi mathématicien, inventeur d'une foule de choses chimiques, entre autres la photographie des couleurs ; mais inventeur aussi du monologue, tel était Charles. Figure d'Hindou, cheveux crépus, frêle moustache noire, teint basané. De l'esprit, de la gaieté, de l'entrain, et en même temps de la science, de la rêverie, et de l'observation. Rarement homme fut mieux doué. Il eut pour patrons et protecteurs scientifiques le duc de Chaulnes et le comte de Montblanc, et l'Académie couronna son volume de vers *le Coffret de santal*.

Là, c'était la chanson du poète chinois Li-Tai-Pé, ou le poème de Gottlieb, avec ce vers en refrain :

Hou! hou! hou! le vent souffle dans les branches

C'était aussi la ballade de l'archer :

>   Elle avait de beaux cheveux blonds
>   Comme une moisson d'août, si longs
>   Qu'ils lui tombaient jusqu'aux talons.

Et d'autres encore, des sonnets tristes ou pervers, des visions blanches ou fanées, roses ou noires :

>   Avec les Fleurs, avec les Femmes,
>   Avec l'Absinthe, avec le Feu,
>   On peut se divertir un peu,
>   Jouer son rôle en quelque drame.
>
>   L'Absinthe, bue un soir d'hiver,
>   Éclaire en vert l'âme enfumée ;
>   Et les Fleurs, sur la bien-aimée,
>   Embaument devant le Feu clair.
>
>   Puis, les baisers perdent leurs charmes,
>   Ayant duré quelques saisons ;
>   Les réciproques trahisons
>   Font qu'on se quitte un jour sans larmes.

> On brûle lettres et bouquets,
> Et le Feu se met à l'alcôve ;
> Et, si la triste vie est sauve,
> Reste l'Absinthe et ses hoquets...
>
> Les portraits sont mangés de flammes...
> Les doigts crispés sont tremblotants...
> On meurt d'avoir dormi longtemps
> Avec les Fleurs, avec les Femmes.

Ce poète est éminemment complexe. Un de ses biographes a dit de lui :

« A onze ans, Charles Cros est pris de la folie des langues orientales. Il les apprend surtout en bouquinant sur les quais, ou en se faufilant aux cours publics dans les jambes des graves auditeurs de la Sorbonne. A seize ans, il est en état de professer l'hébreu et le sanscrit, ce qu'il fait avec un certain succès. Je me contenterai de citer deux élèves du jeune professeur : M. Michel Bréal, de l'Institut, professeur au Collège de France, est son élève pour l'hébreu ; M. Paul Meyer, professeur au Collège de France, est son élève pour le sanscrit (1). A dix-huit ans, il entre aux sourds-muets comme répétiteur. Il y fait le cours de chimie, et invente

---

(1) Cette opinion d'Alphonse Allais doit être donnée *sous toute réserve.*

le phonographe, qu'il appelle le paléophone. Il commence alors la médecine, l'exerce avant d'être reçu docteur, et s'obstine à ne pas le devenir ; il veut rester un fantaisiste échevelé en science comme en littérature.

« J'ai parlé plus haut du phonographe. Cros en décrivait le principe et la construction dans un pli cacheté, déposé à l'Académie des sciences, le 30 avril 1876. Peu de temps après, la *Semaine du clergé* (10 octobre 1876), d'après les indications de Charles Cros, confiées à l'abbé Leblanc, donnait une description perfectionnée et complète de cet instrument. Huit mois et demi après, l'Américain Edison prenait son brevet, remplaçant simplement par une feuille d'étain le verre enduit de noir de fumée de Charles Cros.

« Le bagage scientifique de Charles Cros est très considérable. Je citerai seulement sa production artificielle d'améthystes, saphirs, rubis, topazes, etc. (cristallisation et coloration de l'alumine), et sa photographie des couleurs, qui remplacera complètement l'ancienne photographie. Étude sur les moyens de communication avec les planètes, où il prétend que Mars et Vénus nous font depuis longtemps des signes que nous ne comprenons pas. La *Mécanique cérébrale*, travail gigantesque présenté à l'Académie des Sciences, etc., etc. »

Il a de qui tenir. Sa famille est essentiellement artistique et scientifique. Son père était un savant de premier ordre, son frère Antoine Cros est poète et médecin, Henry Cros est sculpteur. Pour sortir de cette analyse trop sèche et sérieuse, je veux conter une légende qui a cours dans les ateliers. Voici.

Les trois fils Cros viennent un matin déjeuner chez leur père. Antoine est plus grave que de coutume, et annonce qu'au dessert il fera une communication importante. Entre la poire et le fromage, le docteur Antoine tenant un petit papier à la main profère : « Mon cher père, mes chers frères, j'ai enfin découvert le moyen de rendre tous les hommes *immortels*. J'en ai les preuves là-dessus. »

Aussitôt, Charles et Henry battent des mains : « Bravo ! bravo ! Enfin !!! »

Mais le père est demeuré sombre ; sa figure prend une indicible expression de souffrance.

— Eh bien ! père ? demande Antoine.

Alors le père se leva et dit : « Quoi ? tu veux prolonger, éterniser cette vie misérable, chétive, où fleurissent les injustices, les poisons, les lèpres physiques et morales ? Tu veux nous lier pour toujours à cette planète basse et arriérée ? Tu voudrais nous priver des cieux attendus ?... Non, mon fils, tu ne feras pas cela ? Non, je t'en supplie... »

Les trois frères demeurèrent atterrés ; puis suppliants, ils crièrent : « Laisse, laisse donner l'immortalité aux hommes !!! »

Le père inflexible déclara : « Je ne le peux pas ! non !!! »

Alors, pâle, Antoine jeta dans le feu le mystérieux papier, tandis que ses frères disaient : « Père, père, tu n'es qu'un Saturnien, tu dévores tes fils ! »

Telle est la légende. La vérité est que les trois frères, extraordinairement doués, se montraient dès lors capables de tout entreprendre et de tout mener à bien, quand la constance les soutenait dans leurs entreprises.

La persévérance, cette vertu bovine, qui permet d'aller jusqu'au bout du sillon, n'échut point en partage à Charles, être ailé, cueillant un peu de rosée et de miel sur les fleurs, sans vouloir en condenser utilement le suc. Grand trouveur d'idées que d'autres exploitèrent, témoin Edison.

Lui, qui avait inventé le monologue, ce genre qui eut tant de succès, et réussit encore si bien, se plaignait — oh! amicalement, sans nulle aigreur — que ce fût plutôt Coquelin cadet qui en bénéficiât que lui-même.

L'Obsession, *le Bilboquet* (un pur chef-d'œuvre d'ironie voilée) et tant d'autres pièces dont la liste serait trop longue, dites par le fantaisiste comédien, consacrèrent sa réputation dans les concerts et les soirées. Naturellement, Cadet donnait le nom de l'auteur ; mais, quoi ? le public s'écriait : « Quel esprit ! ce Cadet ! quelle verve ! où trouve-t-il tout cela ? » Allez donc réagir là contre. Si bien pourtant que Charles Cros demeurait à peu près inconnu, seul dans son cabinet de travail ou dans son laboratoire, à l'heure même où, dans les salons à la mode, ses œuvres enchantaient les auditeurs.

Un soir de tristesse, chose bien rare chez Charles, il m'exprimait cela en ces termes : Ni gloire, ni argent, c'est dur !

Aussi dès lors je m'enfonçais dans mon système : faire dire par les poètes eux-mêmes leurs propres œuvres ; trouver une scène quelconque, et jeter en face du public les chanteurs de rimes, avec leur accent normand ou gascon, leurs gestes incohérents ou leur gaucherie d'allure ; mais avec cette chose particulière, cette saveur de l'auteur produisant lui-même au jour l'expression de sa pensée.

Dès cette époque, j'en parlais de la sorte. On m'objectait que les poètes manqueraient ainsi un peu de cette dignité pontificale qu'on leur impose au nom de je ne sais quoi ; de plus, quelques-uns se sentaient trop timides pour déclamer leurs poèmes devant plus de trois ou quatre personnes, et encore leur fallait-il avoir derrière eux la cheminée d'un salon, ou le coin d'un piano, pour se donner une contenance. Je répondais que les troubadours et les trouvères, qui furent grands à leur époque, mêlaient l'art de bien dire à l'art de bien penser et de bien exprimer ; que, d'ailleurs, l'art du comédien, après avoir été honni pendant longtemps, était acclamé dans les milieux les plus collets montés, qu'ils tiraient gloire et argent des vers des poètes, et que, ma foi, les poètes, sans prétendre à l'argent, devaient récupérer tout au moins la gloire. J'ajoutais que la timidité est bientôt vaincue par l'exercice, et je me citais en exemple, moi qui avais été la plus timide des gazelles provinciales. On me laissait dire. J'ajoute ici que, depuis, à l'user, cette doctrine a paru bonne, et que tel ou tel poète que je ne nommerai point, et qui prétendait contraire à toute dignité professionnelle de jeter soi-même à la foule les rimes pudiques, n'a pas hésité plus tard à faire des conférences devant un public payant, soit à Paris, soit en Belgique, soit en Suisse, en s'efforçant, autant que possible d'atteindre à l'art du comédien. Quand bien même les hydropathes n'auraient produit que cela, ce serait quelque chose.

D'ailleurs, cette publicité nouvelle semblait devoir s'imposer vers 1877-1878 ; car, à cette époque, les journaux littéraires du quartier Latin ou de Montmartre étaient morts ou enterrés. Seuls, quelques recueils où les abonnés payaient pour faire insérer leurs vers végétaient, en offrant comme prime d'insérer gratuitement le poème et la photographie du lauréat d'un concours mensuel. C'est ainsi que fut fondé *le Parnasse*, par Georges Berry, qui s'occupait alors plus de poésie que de voirie, et ne songeait point, j'imagine, qu'il deviendrait jamais un conseiller municipal de la bonne ville de Paris.

Ce *Parnasse* a pourtant eu l'heureuse fortune de découvrir un poète, Edmond Haraucourt, et un jeune littérateur qui cachait son nom d'Émile Michelet sous le pseudonyme transparent de Telehcim.

Georges Berry devait d'ailleurs fonder bien d'autres journaux avant de trouver sa véritable voie. Ce sont ces tâtonnements des débuts, ces vagabondages à travers des idées voisines, que j'appelle la Bohème de l'Esprit. On bat les buissons creux, jusqu'à ce qu'on trouve enfin la pie au nid, et alors la bohème devient un rêve du passé, et l'on est un *homme arrivé*.

Pour le poète errant, le quartier Latin semblait horriblement désert. Point de bureau de rédaction, où l'on pût disserter à tort ou à raison; plus de petits cabarets, tels que le Sherry-Gobbler. Hélas! Joséphine avait fermé, pour cause de fin de bail, et s'en était allée on ne savait où, dans le Marais, croyait-on.

Parfois l'illustre Sapeck passait rapide, avec André Gill, chez lequel il travaillait, afin de devenir un profond caricaturiste comme son maître. Le pauvre maître, dont l'esprit devait sombrer dans la folie, donnait alors l'exacte sensation d'un franc mousquetaire : un grand

chapeau auquel il ne manquait qu'un panache
— et encore il semblait vraiment que le panache
se dressât vers le ciel ou se courbât sous le
vent, tant la tête altière, les longs cheveux, la
moustache relevée, donnaient un port superbe à
cette coiffure. Oui, le panache y était, nous l'y
avons vu, je vous jure, quand André Gill passait, ample, la poitrine bombée, soulignant d'un
grand geste large ou arrondi ses phrases pompeuses et imagées. Oui, mousquetaire ! Non
point peut-être par vocation d'orgueil, ni par
mépris pour le reste des humains. Non certes :
ceux qui le connurent le mieux ont tous déclaré qu'au fond Gill était un timide. Cette
timidité, il la dissimulait sous une grande éloquence apprêtée. Sa pose — ce que les envieux
appelaient sa pose — n'était que l'effort d'un
mouton enragé. Cette âme de doux artiste est
morte de ce disparate.

Il suffit, pour se convaincre de cette dualité
de Gill, de comparer les phrases monumentales, les étranges rodomontades demeurées
célèbres, et dont il écrasait ses concitoyens,
avec certaines poésies publiées au jour le jour,
et recueillies plus tard sous ce titre : *la Muse à
Bibi*.

Quoi de plus intimement navrant et doux que cette pièce : *le Chat botté ?*

> Matou charmant des contes bleus,
> Chat l'unique trésor des gueux,
>   Chat qu'on adore
> En son enfance, et que, très vieux,
>   On aime encore
>
> . . . .
>
> Ah ! qu'il était, mon Chat botté,
> Luisant d'amour et de gaîté,
>   Quand, chat d'audace,
> Avec des airs exorbitants,
> Il précédait mes beaux vingt ans,
>   En criant : « Place !
> « Place au marquis de Carabas !
> « Ohé ! vous tous, là-haut, là-bas,
>   « Place à mon maître !
> « Admirez, peuples étonnés,
> « L'homme depuis le bout du nez
>   « Jusqu'à la guêtre.
> « Et d'abord proclamez, manants,
> « Que les bois, les prés et les champs,
>   « Les fleurs nouvelles,
> « Les cieux, à dater d'aujourd'hui,
> « Sont à lui, les lauriers à lui,
>   « A lui, les belles !
> « Si vous en doutiez par malheur !
> « Vous seriez — j'en essuie un pleur,
>   « Lorsque j'y rêve —
> « Ma parole de Chat botté,
> « Hachés comme chair à pâté,
>   « Hachés sans trêve !... »

> Ainsi parlait, en ce temps-là,
> Mon chat en habit de gala...

Adieu, ajoute-t-il, mélancolique, adieu les rêves !

> « Horizons roses ! verts sentiers !
> « Châteaux en Espagne ! Paniers !
> « Vendange est faite ! »

Et voici le chat botté, hélas !

> ... fini, moisi,
> Débotté pour toujours, quasi —
> Paralytique.
> Et j'ai grand'peur à tout moment
> De voir mourir d'épuisement
> L'ami d'enfance,
> Que, pour moins de solennité,
> J'appelle ici le Chat botté,
> Mais qu'on nomme aussi l'Espérance.

Tandis que, lassé de son suprême effort à la *Lune rousse*, durant la période du 16 mai, le caricaturiste-poète chantait aussi tristement la fuite de ses rêves, il n'en continuait pas moins bravement, bravachement même, avec une naïve fanfaronnade, à rester jeune d'allure, de Bullier à l'Élysée-Montmartre, à travers les cabarets fous, durant les nuits joyeuses, prolongeant quand même l'Espoir, tirant sur la Peau de chagrin, et ne voulant pas encore remiser ce Chat botté tenace dont il était le marquis de Carabas.

Et alors c'est une série d'anecdotes bizarres, de mots extravagamment héroïques, où le comte de Guinnes, caché sous le démocrate André Gill, se révélait aux auditeurs ahuris.

Un jour, on descendait en bande la rue Saint-Jacques. Un camarade taquin poussait Gill, lui disant que sa célébrité, qu'il croyait si grande dans la foule, sa popularité ne dépassait pas les gens de lettres, les artistes et les politiciens.

— Nous allons voir, dit Gill. Et, avisant une échoppe où un gnaff clouait des souliers, il lui dit :

— Vous connaissez André Gill, vous ?

Le gnaff interrompit sa besogne, et, après un instant de réflexion.

— Gille ! dit-il avec un fort accent, Gille ! Non, nous n'avons pas cha dans la partie.

— Mais André Gill, le caricaturiste ?

— Caricaturichte ! fit l'autre ; je ne le connais pas.

— Eh bien ! répliqua le dessinateur, avec un grand geste, eh bien ! vous êtes le seul !

A Bullier, où il fréquentait assidûment, Gill était assis à une table en compagnie de quelques artistes ; une jolie fille vint se mêler à eux.

— Tiens ! dit quelqu'un, tiens ! ma belle ! sois heureuse : voici M. André Gill, que tu dois connaître.

— Ah ! fit-elle. Je crois bien que oui. Et s'adressant à Gill : Est-ce que vous n'avez pas deux frères étudiants en pharmacie.

— Des frères ! répondit Gill avec sa grosse voix de basse, des frères ! J'en ai ; mais ils sont en marbre, et debout sur des socles, au Louvre !

Les anecdotes de ce genre fourmillent dans la biographie du grand dessinateur. Un de ses amis, revenu récemment du Midi, lui faisait visite :

— Et, dit le caricaturiste, où êtes-vous allé, mon cher ?

— A Nice.

— A Nice ? Quoi faire, à Nice ?

— Dame ! répliqua l'autre, me baigner dans la Méditerranée.

— Vous baigner ! Moi, quand je veux me laver, je vais vers l'océan : c'est la seule cuvette qui me convienne.

C'est cette disproportion entre la timidité

intime du rêveur et l'orgueil de l'homme public qui dut à la longue détraquer ce cerveau brillant. La manie des grandeurs se glissa par la fêlure et saccagea, emportant ensemble le doux poète et le tribun grandiloquent, le bon garçon faubourien et l'assoiffé de millions.

J'aurai l'occasion de reparler de ce disparu, à propos des Hydropathes et du Chat Noir, où il vint porter les dernières lueurs de son esprit chancelant.

La solitude relative où je me trouvais dans ce vieux quartier Latin me laissa le calme nécessaire pour plonger dans mes cartons et en tirer pièce par pièce la valeur d'un volume de vers que j'intitulai *Fleurs du Bitume*.

Exilé depuis six ans, loin des champs, loin des rivages, vivant exclusivement dans une chambre banale d'hôtel garni, ou errant par les rues, sur les trottoirs bitumés et dans les cafés qui servent de prolongement abrité aux trottoirs, je n'avais pas à composer mon bouquet avec d'autres fleurs que celles qui poussent sur l'asphalte : Poètes vagabonds, filles qui passent, rêveries sous les becs de gaz, pareils à de frêles arbres de lumière, bals publics, restaurants nocturnes. Le porte-monnaie vide, l'estomac creux, le cœur sans amour ! Et parfois, au hasard de quelque gain inespéré qui permet de se rattraper un peu, les morceaux doubles et les baisers triplés ! La goinfrerie des naufragés du *Vaisseau de Paris*, semblable au radeau de *la Méduse* ; la gloutonnerie irrassasiée de Bédouins tombant, après de longs jours de jeûne et de soif, en quelque oasis riche de fruits que la faim rend extraordinairement savoureux. Puis les horreurs de la privation ! Les désespoirs solitaires ! Ceux que l'on cache aux passants et qui s'exhalent, la nuit, dans la mansarde, sous le regard des indifférentes étoiles qui tournent lentement au-dessus de la fenêtre à vasistas dont le manche de fer, perpétuellement tendu, — potence à domicile, — semble une invite à quelque définitive pendaison ; tandis qu'un maigre feu de coke, rougeoyant sur une grille minuscule, donne des idées de suicide au réchaud.

Tout cela, j'essayai de le mettre dans le bouquet vénéneux et violent des *Fleurs du Bitume*.

Le travail acharné me consolait de l'acharnement des huissiers. Et je jouis d'une paix relative, tant que je n'eus pas écrit le mot : Fin.

Mais ce mot fatidique et joyeux, ce mot : *Fin*, signifiait au contraire : Commencement ; commencement de courses chez les éditeurs, chez les protecteurs possibles, chez les maîtres influents. *Fin* du poète, *commencement* du commis voyageur, allant de porte en porte offrir son invendable marchandise. *Fin* du travail qui porte en lui sa récompense et sa joie, *commencement* du martyrologe. — Là, l'invincible timidité me reprenait ; j'avais beau dissimuler ce rouleau de papier sous mon manteau, il me semblait que les regards aigus des passants trouaient l'étoffe, déchiraient la couverture et s'égayaient sur les rimes ; il me semblait que, semblables à des guêpes, les vers bourdonnants s'échappaient de ma poche et m'enveloppaient d'un essaim tumultueux qui devait attirer l'attention des petites ouvrières sourieuses et des gavroches narquois. J'allais, la tête baissée sous la honte d'être un poète débutant, pauvre, crotté, ouvrant un vieux parapluie constellé de trous, sous l'averse qui accompagne inévitablement les malchanceux.

Il faudrait sourire, en se présentant aux aimables Parisiens qui sont éditeurs, il faudrait porter glorieusement le déshonneur d'être jeune et inconnu. Au contraire, avec quelle terreur on approche de la redoutable forteresse des livres, combien de temps l'on reste à épeler les titres des volumes mis en montre, les noms célèbres étalés en bonne place sur la couverture jaune, rouge, bleue ou verte... Le *to be or not to be* traduit par : Entrerai-je ou n'entrerai-je pas ?... Enfin, décidé quand même, on entre, on est entré, c'est l'heure solennelle; on essaye d'imprimer à ses lèvres un sourire d'homme aimable, de joyeux Parisien, et c'est un affreux rictus qui se dessine, tordant la bouche, tandis que les yeux s'effarent, qu'une subite moiteur gèle le front et que les tempes se contractent... Tous ceux qui ont passé par là ont plus ou moins senti ces affres; mais le pauvre, isolé sans répondants, ne se fiant qu'à peine à sa croyance en lui-même, ne s'y fiant même plus du tout, se trouve niais, vague, éperdu dans l'antichambre éditoriale. Les pires vers de son recueil, les phrases les plus obscures, les moins bien équilibrées, dansent dans sa mémoire.

Et selon le caractère, l'âge, l'humeur momentanée du prince éditorial, le malheureux candidat à la gloire reçoit des réponses évasives ou brutales, franches ou dilatoires :

— Des vers! des vers! dit l'un. Ah! non, non, non, fussent-ils signés Homère!

— Faites de la prose, dit l'autre.

Un troisième toise l'importun :

— Comment! vous, un inconnu, vous osez présenter un volume? Faites-vous connaître d'abord.

— Mais, pense l'impétrant, si, pour se faire connaître, il faut déjà être connu, c'est une chose bien paradoxale, à moins d'imiter Lacenaire, et d'être connu comme assassin avant de se faire connaître comme poète.

D'autres, enfin, prennent le manuscrit, le gardent trois mois sans le lire, puis le rendent un beau matin comme ils l'ont pris.

A travers cette course folle, on va quémander chez les puissants, ou ceux que l'on croit tels, une lettre pour l'éditeur. C'est de la sorte que j'allai chez Barbey d'Aurévilly et chez Émile Zola.

Barbey d'Aurévilly déclara que j'étais un réaliste odieux, tandis qu'Émile Zola me taxa de romantisme exagéré.

J'en eus vite assez, du jugement des maîtres.

Les grands jurés littéraires ne sont nullement prophètes dans le royaume de la littérature : il est vrai que c'est leur pays.

Deux ans et demi se passèrent de la sorte.

Enfin, l'idée qui m'aurait dû venir la première finit par poindre sur mon horizon dévasté de toutes autres espérances. L'éditeur Lemerre !

Les *Fleurs du Bitume*, après examen favorable du lecteur d'alors, M. Anatole France, le poète exquis des *Noces corinthiennes*, aujourd'hui chroniqueur littéraire au *Temps*, furent acceptées et, malgré une sombre grève de typographes qui ravagea vers cette époque les imprimeries de Paris, publiées en 1878.

Ed'io anché, moi aussi, je pouvais dès lors me promener sous les galeries de l'Odéon, devenir populaire au bal Bullier et croire à mon étoile : j'étais en elzévir sous couverture jaune.

Mes collègues du ministère me mirent sous les yeux quelques forts éreintements, et plusieurs même profitèrent de ce que j'étais devenu poète pour démontrer à mon chef de bureau que je n'avais plus besoin d'avancement : ils me passèrent sur le dos à la promotion suivante.

Que m'importait la bureaucratie ? Avec con-

fiance désormais — naïve, ô naïve confiance!
— j'abordais la vie.

Illusions de bachelier qui croit tout fini quand tout commence! Mais joyeuses heures! Premier livre! premier amour! Les plus amères critiques ressemblent alors à une constatation de gloire!

On peut bien un peu mourir de faim pour obtenir cela.

VII

L'inspiratrice musique. — Le concert Besselièvre : *hydropathen-valsh* de Gungl'. — Un surnom tenace. — Explication canadienne. — La Rive gauche. — 5 octobre 1878. — 11 octobre 1878. — Les hydropathes. — Les séances. — La colère des buveurs. — La police : quarts-d'œil et quarts-d'oreille. — M. Andrieux, préfet de police. — Des femmes artistes.

Pour les êtres d'imagination, la musique sans paroles : symphonie ou valse, sonate ou fanfare de cors, est la grande et artificieuse fabricante de rêves. Au hasard des accords, on est beau, riche, glorieux, aimé. On entend au fond de soi rouler, ainsi que des chars armés de rimes, les poèmes sonores; ou bien on souffre, on gémit, on s'attendrit, on pleure, on se sent l'âme perdue sous des ombrages trop épais ou sous des étoiles trop hautes; et dans le fond du crâne, pareilles à des fantômes de pénitentes, des strophes sortent et glissent en cadence; ou bien c'est une envolée, un tourbillon d'orgie, des baisers que l'on dérobe et des coupes que l'on brise, tandis que les timbres divers de l'orchestre se répondent, frappant sur les accords ainsi que des pieds de ballerines sur un parquet élastique.

C'était, le dimanche, pour quinze sous, le *paradis* du concert Populaire. Il y fallait un costume *ad hoc* : un chapeau mou et des vestons résistants. Car on se battait souvent pour Wagner, en ce *paradis*, et plusieurs fois, sous une avalanche de siffleurs, l'applaudisseur dut rouler, la tête la première, sur la pente des gradins par-dessus les crânes des auditeurs. Tout n'était pas rose dans cette carrière musicale. Heureusement, la plupart du temps, nous, les applaudisseurs, nous nous groupions, et ma foi! quelques siffleurs durent écoper.

La musique pour la musique! Ah! pourquoi Wagner a-t-il libellé des poèmes! Pourquoi veut-on nous le faire applaudir comme librettiste? Enfin la musique n'en existe pas moins, n'est-ce pas? Mais je préfère les suggestions qu'elle m'offrait alors aux légendes qu'elle prétend m'imposer aujourd'hui : *opera, non verba*, pourrait-on dire avec un calembour latin : des opéras sans paroles.

Parfois, durant la semaine, on allait aux concerts Besselièvre. On retrouvait là le menuet de la symphonie en sol mineur de Mozart, et aussi des danses modernes. Ne disons pas du mal de la valse, n'est-ce pas ?

Un soir, je me trouvais avec le vicomte Alfred de Puy... que nous appelions familièrement Puy-Puy et qui ressemble à Henri IV autant que le duc de Nemours ; quoique aristocrate, il était mon collègue aux finances. Nous allâmes à ce concert Besselièvre, et moi, plein de mélancolie, j'écoutais se dévider les numéros du programme, lorsqu'une valse d'un rythme cristallin me frappa. C'était comme si des gouttes d'eau eussent tintinnabulé sur des vitres, ou mieux, comme si l'on eût fait sonner des coupes à champagne à l'aide de couteaux d'argent.

— Singulière danse ! m'écriai-je. Il faut que j'en sache le titre.

Le programme était plaqué dans un cadre de bois contre un arbre. J'avisai le numéro, et je lus : Gungl', *hydropathen-valsh*.

Hydropathen-valsh ! de l'allemand ! valsh est

suffisamment compréhensible même pour le Latin le plus endurci ; mais *hydropathen* ? Qu'était-ce que cette *Valse des hydropathen* ? J'interrogeai vainement les personnes que je connaissais, nul ne put me renseigner. Le lendemain, au ministère, au restaurant, dans les cafés de la rive gauche, je promenais ma question : Qu'est-ce que *hydropathen* ? C'était mon : Avez-vous lu Baruch ? Je fis tant et si bien, agaçant les gens par cette scie, qu'ils me surnommèrent l'*hydropathe*.

Dans la grande galerie des rentes, je portais ce titre ridicule avec sérénité, jusqu'au jour où le faux sourd, ce collègue vis-à-vis duquel je me servais jadis du langage invertébré, me vint demander — à moi qui n'en savais rien — l'explication de mon pseudonyme ; pour la circonstance, j'improvisai une théorie qui resta :

— Devers les confins du cercle polaire, au Canada, en Labrador, en Groenland, existe une espèce d'animaux singuliers dont les pattes sont en cristal, en forme de flûtes à champagne, ornées d'un pied rond, semblable presque aux raquettes qui servent de chaussures aux indigènes pour marcher sur la neige fraîche. Ces animaux sont faits de neige sans doute et de glace ; leurs yeux ressemblent à des perles versicolores. De plus, lorsqu'ils dansent sous les rayons de la lune, leurs pattes en cristal, se choquant l'une contre l'autre, donnent aux rares voyageurs la sensation d'un concert où l'on n'entendrait que des harmonicas. Ainsi Gungl' a-t-il fait, ajoutai-je, en écrivant une valse tintinnabulante et bizarre sous le titre : *hydropathen-valsh*. Seulement, dans son ignorance de la langue française, il a mis une *h* après le *t*, au lieu de deux *tt* ; car *hydro* veut dire *eau* (du grec *udor*) eau, cristal de roche, et *pathen* signifie *patte*, d'où *valse des pattes en cristal*. J'ai pris ce nom, déclarai-je au faux sourd, parce que Nabuchodonosor — ô symbole ! — possédait des pieds d'argile ; nous, humbles démocrates, nous n'avons que des pieds de verre que la mort doit briser un jour. Voilà pourquoi je suis *hydropathe* avec un *h* ou hydropatte avec deux *t*.

Cette lumineuse explication fut acceptée ; et je continuai, de Bullier au Louvre, à travers les cafés et les restaurants, à être dénommé l'*hydropathe*.

Si je donne ici de si longues explications, c'est que maintes fois, et encore récemment dans *l'Intermédiaire des chercheurs*, des curieux ont demandé le pourquoi de ce titre bizarre : hydropathe !

Je poursuis donc.

Le besoin de dire des vers et de chanter des chansons se faisait tellement sentir à cette époque, que, peu à peu, une table d'hôte, sise rue des Boulangers, s'était transformée en lieu de réunion. Richepin avait passé par là ainsi que Ponchon et Germain Nouveau ; mais il n'y restait plus guère que des Haïtiens qui discutaient perpétuellement sur les mérites respectifs de Boisrond-Canal et de Salomon, quand Rollinat, revenu de son pays, Georges Lorin, Sapeck, Léo Montancey, Baude de Maureceley, Puy-Puy et quelques autres y vinrent. Un grand jardin attenait à la maison, un salon contenait l'indispensable piano et les fauteuils indispensables. Ce fut très gai : poésie, musique et danses réunies. Oui ! il y vint même des femmes du monde... Je ne les nommerai pas.

Mais les Haïtiens s'obstinaient à réclamer un peu de baccara à l'issue de ces joyeuses réunions. Et le baccara accordé amena l'inévitable descente de police, au cours de laquelle, m'évadant à travers des jardins, je tombai sur des cloches à melon, dont le bris cristallin sonna moins agréablement à mes oreilles que les gammes chromatiques et hydropathiques de Gungl'.

Ce lieu de réunion étant clos, nous nous rabattîmes, quatre ou cinq, sur un cabinet, sis au premier étage du café de la *Rive gauche*, au coin de la rue Cujas et du boulevard Saint-Michel — c'est aujourd'hui un établissement de bouillon. Un piano hospitalier nous accueillit. Mais la porte était réglementairement ouverte aux allants et venants.

Or, un soir — le 5 octobre 1878 — c'était la rentrée des lycées. Une vingtaine de jeunes gens, assez excités, se précipitèrent dans notre réduit, et, pendant la dernière demi-heure de liberté qui leur restait, s'emparèrent du piano et le démantibulèrent aux trois quarts, en hurlant des refrains dont le plus élégant était celui d'une chanson intitulée *les Vidangeurs*:

> Il ne faut pas que rien se perde,
> Dans la nature, tout est bon,
> Pressons, pressons, la pompe à m....
> Le jour paraît à l'horizon !

Cette petite séance nous exaspéra. Quand ces jeunes vandales eurent disparu, nous fîmes monter le patron de l'établissement, afin de lui demander à quelles conditions il consentirait à nous livrer, mais pour nous seuls ou nos amis, ce petit cabinet orné d'un piano.

— Si vous êtes une vingtaine, dit ce patenté, et que vous me garantissiez la consommation, c'est chose faite ; vous choisirez votre jour.

— Le vendredi, par exemple !

— Va pour le vendredi.

Les cinq qui se trouvaient à cette entrevue historiquement mémorable s'appelaient (à moi l'ordre alphabétique, afin de m'épargner toute rectification) : Abram, Émile Goudeau, Georges Lorin, Rives et Maurice Rollinat.

Il fut résolu que chacun de nous amènerait le vendredi suivant deux, trois ou quatre amis. Le vendredi suivant, nous étions soixante-quinze. Il faut croire que le besoin de réunion se faisait cruellement sentir. L'assemblée naturellement débordait du petit cabinet dans la grande salle de billards et dans les cabinets avoisinants.

Ce fut une belle séance.

« Quand des Français sont ensemble, ils commencent par élire un bureau, puis par essayer de combiner un règlement, » a dit un voyageur illustre.

L'assemblée nomma Émile Goudeau président, vice-présidents, Georges Lorin et, sur le refus de Rollinat, M. de P..., l'ami Puy-Puy, le Henry IV à monocle.

Le président était d'avis qu'à l'instant toutes les formalités fussent là terminées, et que l'on se mît, en braves jeunes gens, à chanter, boire, dire des vers, jouer du violon, pincer de la guitare ou du monologue, enfin se livrer à tous les ébats que les muses autorisent.

Ah! ouiche! il fallut donner un titre à cette assemblée qui, du coup, devenait une *Société*.

Comment s'appellerait la *Société*?

Les uns proposaient : *La Pipe en terre*, *les Escholiers*, *le Gay-sçavoir*, *les Fils de France*, bref, toutes sortes de noms sérieux empruntés au répertoire, et destinés à indiquer qu'on s'ennuierait à mort...

En tant que président, j'abusais de ma nouvelle situation, et, sans que personne y comprît rien, je fis voter le titre d'*hydropathes*, sous ce prétexte que c'était un surnom qu'on m'avait octroyé, qu'il me pesait, et que je comptais bien le partager avec d'autres. J'expliquai ensuite l'origine du mot, et j'insistai sur ce point, que, n'ayant pas de programme commun, nous posséderions un nom inédit qui ne compromettrait ni les doctrines futures de la Société, ni les apostasies possibles.

Et voilà comment, un vendredi d'octobre, fut fondée la Société des hydropathes. Quelques récalcitrants réclamèrent aussitôt une constitution, ou tout au moins un règlement; mais la majorité, plus pratique, demanda que les poètes y présents se fissent entendre, ainsi que les musiciens et les acteurs. Une sorte de concert fut improvisé, les bocks circulèrent, et, vers minuit, sur ce mot : La séance est levée, à vendredi prochain ! on se sépara.

Ceci se passait le vendredi 11 octobre 78.

Il faut croire que ce genre de distraction était bien nécessaire à la jeunesse des écoles en ce temps reculé; car, le vendredi suivant, plus de cent se présentèrent, la plupart forcés de bivouaquer dans les couloirs. Malgré cela, le président obtenait aisément le silence — ô miracle !

Mais, à la troisième réunion, cent cinquante personnes se bousculèrent en cet étroit espace, et force fut d'aviser.

De rapides émissaires, hommes aux pieds légers, et reporters volontaires, avaient déjà découvert, au numéro 19 de la rue Cujas, un hôtel dont le vaste rez-de-chaussée pouvait, à l'issue du repas du soir, être transformé en salon de concert, ou même en salle de bal.

Par mains levées, on adopta ce local, et par pied levé on s'y rendit en fulgurant monôme.

De la décision ! de la décision ! Le parlementarisme n'existait point encore aux hydropathes. C'était l'époque héroïque où les chefs récemment portés sur le pavois, les chefs longuement chevelus et barbus, savaient se faire entendre de leurs guerriers.

Les sergents de ville, étonnés, virent les hydropathes souriants — oh! souriant un peu fort, voilà tout — et fredonnant — oh ! fredonnant à perte d'haleine — s'engouffrer dans le mystérieux hôtel Cujas. Et... ils en référèrent à leurs chefs.

Mais n'anticipons pas ! qu'aucune passion mauvaise n'agite la plume de l'historien ! soyons gais plutôt, même en tremblant devant les lois : tradéri-déra !

Les hydropathes formaient au début un inextricable fouillis de tendances diverses, contraires : supposez une bouillabaisse. Il y avait là de jeunes hommes politiques qui rêvaient de transformer la réunion en conciliabule, des poètes modernistes qui ne s'entendaient guère avec les romantiques, des amateurs qui risquaient des chansons plus que lestes ou des monologues ultra-croustillants; des arriérés qui osaient débiter *Page, écuyer et capitaine*, de jeunes acteurs ou élèves du Conservatoire qui venaient s'essayer dans le récit de Théramène, tandis que d'autres, plus adroits et mieux goûtés, donnaient *la Bénédiction* de Coppée ou *la Grève des forgerons*, des insensés qui, prenant la réunion pour un café-concert, exigeaient des flonflons, tandis que d'autres, magistralement pontificaux, ne comprenaient pas qu'on pût rire un seul instant; des tintamarresques lançaient leurs calembredaines, et, à côté d'eux, certains élégiaques catholiques versaient des hymnes à la Vierge. Il y avait même d'obstinés et vieux toqués qui bravaient le ridicule pour monter sur les planches, tel était cet ancien acteur, raté non dératable, qui chantait *Sarah* de Victor Hugo, avec un fort accent italien, ainsi :

> Sarah bello d'indoulenço
> Sou balanço
> Dans oun hamac, au-dessou
> Dou bassin d'ouné fontaino
> Touto pleino
> D'eau pouïsée à l'Illyssous.

Il y avait naturellement des étudiants en droit, en médecine, en pharmacie, mais aussi des élèves des Beaux-Arts et du Conservatoire, des employés de ministère ou de mairie, des ingénieurs et des fils de concierge, et même un certain nombre de simples ivrognes, venus là pour faire quelque boucan. C'était une Chambre des députés en réduction : toutes les diversités d'idéal ou de réalité se bousculaient dans ce microcosme. Et tout cela virait, tournait, cuisait dans son jus, bouillonnait, écumait, faisait sauter le couvercle et secouait la marmite au point que souvent le président, cuisinier chef, envoyait son tablier à tous les diables. Heureusement, c'était la jeunesse et le rire qui reprenaient le dessus. Une bande de *fumistes*, épris d'art, mais gouailleurs, se forma dès lors, sauva l'institution au début, puis, plus tard, par la force des choses, en fit la ruine. Il y avait aussi de paisibles spectateurs, tels que Bourget,

Coppée, Monselet, Paul Arène et d'autres.

Voici à peu près comment les choses se passaient.

Le président, Émile Goudeau, et le vice-président, A. de P..., que nous appelions Puy-Puy, s'installaient au bureau. Le bureau se trouvait dans un angle, d'où l'on avait vue sur les deux salles, lesquelles étaient garnies de chaises, de bancs et de petites tables rondes destinées à recevoir les chartreuses, les mazagrans et les nombreux bocks de la soirée. Quand les deux salles s'étaient emplies, des commissaires allaient de rang en rang recueillir les noms de ceux des assistants qui désiraient vibrer sur la scène (un simple tapis cette scène!) ou lancer quelques dièses et bémols, se livrer à des sonates sur le piano, voire faire gémir violon ou violoncelle. Les noms arrivaient au bureau, et le président ou son vice-président en composait une liste de numéros, intercalant musiques et vers, et, autant que possible, le gai et le triste. Pendant cette opération, une vive causerie s'engageait, parfois simple murmure de brise, parfois cyclone. Peu importait! Mais la sonnette du président s'agitait tout à coup; le silence s'établissait, et tour à tour défilaient poètes, monologuistes, acteurs ou chanteurs, pianistes ou violoneux.

La chose, ainsi présentée, a l'air d'être d'une simplicité auguste. Hélas! hélas! ce n'était pourtant point une sinécure !

Les musiciens voulaient accaparer l'attention, tandis que les poètes échevelés et trépidants supportaient avec peine les gammes chromatiques parfois encombrantes; les monologuistes gais avaient en horreur les poètes flous et historiés de constellations; tandis que les politiciens de l'assemblée s'indignaient moult qu'on ne discutât point sur les droits de l'homme; les patriotes en voulaient à la sonate allemande, et les pianistes exaspérés auraient dévoré volontiers deux ou trois patriotes. Les *fumistes*, ayant à leur tête le redoutable Sapeck, ne songeaient qu'à se gausser de tout, tandis que des hiérarques convaincus poussaient le bureau présidentiel à tenir haut et ferme le drapeau de l'art. C'était une série de conflits intestinaux où le simple public se laissait prendre. Il y avait déjà la question des femmes : recevrait-on ou non les jeunes personnes, mariées pour quinze jours ou quinze heures à des membres de la Société ? De pudibonds et austères éphèbes huaient les femmes. Brochant sur le tout, des gens ivres, qui étaient venus quelquefois à jeûn, se targuaient d'un droit imaginaire pour troubler burlesquement les paisibles concerts hydropathesques.

Le président, heureusement soutenu par les fondateurs, se gendarmait contre les prétentions des uns ou des autres, accordant à tous le droit de s'en aller, si l'ennui les prenait. Ce raisonnement était généralement admis par la majorité qui votait par mains levées en faveur de son bureau. Mais les politiciens étaient retors : empruntant au Parlement les usages les plus condamnables, se dressait souventes fois un interpellateur, formulant une longue série d'amendements à un règlement qui n'existait pas. Cela soulevait des tempêtes ; mais, impitoyable, le président arguait que la Société, étant littéraire et artistique, acceptait les politiciens comme phraseurs possibles, mais jamais comme directeurs.

Un jour, mis sur la sellette, le président donna sa démission — ô ombre de M. Thiers ! — Cela lui réussit parfaitement, et il fut réintégré, séance tenante. Depuis lors, les politiciens battus se soumirent, contents de se réunir sans danger, à l'ombre de la littérature, des beaux-arts et du piano perpétuel.

Les ivrognes étaient moins commodes. Quelque soir de thèse, on voyait arriver une théorie de jeunes hommes dont les festons inquiétaient les glaces. Mais le feston n'est rien ; des cris bizarres sortaient de ces poitrines, allumées comme des forges par le faux champagne des restaurants modestes. De là, un trouble difficilement apaisé et sans cesse renaissant. Le poète en scène, ou le violoncelliste, exaspérés, s'arrêtaient sur leurs phrases et se retiraient, après, en disant : — Ces misérables m'empêchent de continuer !

Maint tumulte s'ensuivit. Enfin, un ordre du jour, énergiquement voté par l'assemblée, autorisa le président à se transformer en gendarme pour ces circonstances, hélas ! fréquentes, et à congédier les délinquants.

Cette opération présentait assez souvent des difficultés. Des bagarres inextricables, qui semblaient dessinées par Gustave Doré, transformaient le lieu des séances en champ de bataille, tandis que les hommes paisibles, et les femmes énervées, montant sur des chaises, le long des murs, contemplaient la mêlée terrible et fuligineuse. Grâce à quelques géants, et aussi à la vertu du nombre, les *allumés* étaient mis dehors. La plupart du temps, ils s'en allaient vociférants, puis, huit jours après, très calmes, ils opéraient leur rentrée, avec la bonhomie souriante qui sied à ce genre de remords.

Parfois pourtant quelques-uns furent plus féroces. Dès les commencements, l'un de ceux-ci, expulsé par un géant, m'attendit à la porte, avec une ténacité de lierre, et me dit :

— Vous aurez de mes nouvelles demain matin.

Puis il disparut, ombre zigzaguante, démesurée dans le brouillard.

Je dois dire qu'à l'issue des séances, la fête littéraire, considérée jusqu'à minuit moins le quart comme diurne, devenait essentiellement nocturne jusqu'au matin. Je rentrai donc au chant des coqs — car, la rue Monsieur-le-Prince, où j'habitais un hôtel (garni, hélas ! oui), possédait un certain nombre de charbonniers et de gnaffs qui élevaient des poules, dans la rue, s'il vous plaît, et pour lesquelles des mâles, dans la poussière de l'arrière-boutique noirâtre, entonnaient de vigoureux appels, dès la proximité des aurores. Un saint Pierre de bonne volonté aurait pu entendre là, non point trois fois, mais trente fois trois fois le clairon matinal du remords. Les saint Pierre du noctambulisme, courbant le front sous cet appel, rentraient. Oh ! dormir enfin !

Je fus réveillé bientôt par un toc-toc discret, mais net.

— Entrez, fis-je, la clef est sur la porte !

O candeur des anticapitalistes ! Sécurité suave des braves omnia-mecum-porto, fils du philosophe Bias !

Deux jeunes hommes, vêtus de redingotes boutonnées jusqu'au col, firent leur entrée. Je les pris d'abord pour des huissiers — Si jeunes!!
— Non, c'étaient les témoins du..... buveur, expulsé la veille.

Ils s'expliquèrent. Dès que j'eus compris, je les priai de se retourner vers la muraille, assis sur de vagues chaises, pour me permettre, dans mon unique salon-chambre-à-coucher, de me mettre en état de les recevoir comme il convenait.

Quand ce fut fait, je leur dis :
— Vous pouvez vous retourner vers moi, et me parler.

Tandis qu'ils m'exposaient que leur client,

insulté grièvement la veille par moi, et mis à la porte d'un *club* (sic) par mes séides, me demandait réparation par les armes, je réfléchissais : « Ma foi ! il fait un temps superbe ! au lieu d'aller vers un bureau languissant, il ne serait pas déplaisant d'ascender quelque coteau, et de s'aligner sur des herbages. »

« Oui ! mais, après ce premier combat, combien d'autres ? Tous les délicieux buveurs et querelleurs du quartier Latin n'auraient garde de manquer si bonne aubaine ! »

Alors, aussi grave que le maître Jacques de Molière, je répondis aux deux témoins :

— Est-ce à Émile Goudeau, lui-même, employé au ministère des finances, et parfois poète, ou au président des hydropathes que vous vous adressez ?

Ils se consultèrent un instant, et répondirent :

— C'est au président des hydropathes.

— Eh bien ! répliquai-je, depuis hier soir, minuit moins le quart, minute à laquelle la séance a été levée, j'ai cessé d'être président des hydropathes jusques à vendredi prochain, neuf heures de relevée, où je dirai : la séance est ouverte ! D'ici là je ne suis qu'un simple citoyen, n'ayant aucune autorité sur qui que ce soit, et par suite aucune responsabilité à encourir !

Un pâle sourire erra sur leurs lèvres :

— Alors, dirent-ils, vous refusez une réparation, et nous pourrons dresser procès-verbal.

— Parfaitement, répliquai-je avec énergie ; le président des hydropathes, ayant eu mission de maintenir l'ordre dont le soin lui est confié, n'a pas hésité à mettre à la porte votre client ; c'est en tant que président qu'il a agi, et il est prêt à subir une réclamation, à la prochaine assemblée, et, s'il a abusé de son pouvoir, à en rendre compte ou à faire des excuses.

Les jeunes hommes souriaient de plus en plus.

— Mais, ajoutai-je, si c'est à moi, personnellement, que votre client en veut, je me trouverai, à 5 heures, à tel café, sur la terrasse ; il n'aura qu'à secouer ma table en passant, ou à renverser mon verre, et alors il verra que je saurai lui répondre. Je ne veux que mes querelles personnelles ; comme président, je ne suis qu'une sonnette, et un rappel à l'ordre.

Ils s'en allèrent, satisfaits. Par là, j'évitai toute confusion entre mon rôle ordinaire de bon vivant, et ce que la discipline nécessaire en une assemblée tumultueuse m'imposait de manières cassantes, quelquefois brutales, mais absolument nécessaires. Ceux qui ont essayé de présider ultérieurement à ces petites solennités s'en sont bien aperçus. Il fallait, dans ce quartier Latin, parmi des jeunes hommes frais émoulus de leur volontariat d'un an, une poigne de sergent, mais, dessus, énormément de velours diplomatique et le franc rire du camarade.

Tant pis, si j'ai l'air de plaider *pro domo*, mais je continue.

De la diplomatie ? Il en fallait bien davantage vis-à-vis des lois du pays, de la magistrature et de la police.

Les réunions devenant énormes, trois cent cinquante personnes s'entassant dans un espace modéré, envahissant les couloirs et les cuisines de l'hôtel, des programmes gigantesques, dont les numéros, se succédassent-ils aussi rapidement que possible, ne pouvaient pas être épuisés, on fit deux séances par semaine, les mercredis et les samedis. Mais la police qui avait déjà l'œil, ou le quart, sur les séances du vendredi, se mit elle-même sur les dents, lorsque le chiffre eut doublé : ça faisait, à son compte, six cents conspirateurs, ornés de femmes variées, qui s'engouffraient, 19, rue Cujas, on ne savait dans quel but. A travers les volets clos, les quarts-d'œil glissaient des regards, et saisissaient les gestes exaspérés de Paul Mounet, récitant *la Grève des Forgerons*, les convulsions de Maurice Rollinat, disant *le Soliloque de Troppmann*, les mines étonnantes de Coquelin Cadet, les hérissements de moustache d'André Gill, et parfois les haut-le-corps violents du président, dont la chevelure se hérissait, tandis que sa main énergique secouait une sonnette de réunion publique, une vraie cloche.

— Tout ça n'est pas naturel! pensaient les quarts-d'œil. Il y a des femmes, c'est peut-être des nihilistes.

On parlait beaucoup des skopsis en ce temps-là, des skopsis, ni hommes, ni femmes, qui conspiraient sans sexe déterminé.

Quand les constables voyaient quelques géants jeter à la porte les buveurs récalcitrants, ils pensaient que ce devait être l'exécution d'un traître, et accueillaient l'expulsé à la sortie :

— Qu'est-ce qu'on fait là-dedans ? demandaient-ils.

— C'est des mufles infects ! des tas de poëtes et de pianistes ! on leur en fichera du Baudelaire ! et puis à bas Wagner !

C'est tout ce que les quarts-d'oreille pouvaient tirer du banni, qui s'en allait vers d'autres parages, sans trahir.

Bref ! un soir d'hydropathes, tandis que — je me le rappelle — Monselet, Coppée, Bourget, Paul Arène, et d'autres, très graves, assistaient à la séance, le garçon vint me prévenir à voix basse que le patron de l'hôtel me réclamait, tout de suite, oh ! mais, tout de suite. Je cédai la présidence à Puy. Et j'allai.

Dans le bureau de l'hôtel, le patron, exsangue et désespéré, se débattait contre quatre gardiens de la paix et un brigadier.

— Ah ! dit-il en m'apercevant, voilà M. le président.

— C'est vous qui êtes le président, me dit brusquement le brigadier.

— Je l'avoue, lui dis-je humblement.

Me voyant si humble, il poursuivit :

— Alors, vous avez une permission pour réunir des gens ici.

— Non, fis-je encore plus humblement.

— Eh bien, dit le brigadier délibérément,

on va vous faire évacuer les lieux, attendu que vous n'avez pas le droit de faire ici une réunion publique, et que vous la tenez deux fois par semaine.

Je redevins orgueilleux; et, tirant par la manche le brigadier, je l'entraînai, lui et ses hommes, vers une porte vitrée, qui donnait dans la salle des séances; le rideau intérieur étant mi-soulevé, on pouvait jeter un coup d'œil.

— Vous voyez, leur dis-je, ce grand monsieur (c'était Villain), eh bien, c'est un acteur du Théâtre-Français, et il dit des vers de Victor Hugo. Vous voyez ces jeunes gens et ces jeunes femmes, ils sont calmes; tenez, ils applaudissent...

— C'est vrai que c'est comme au théâtre, dit le brigadier. Mais nous sommes obligés de vous expulser, quand même.....

— Eh bien, dis-je, je vais rentrer, m'asseoir à mon bureau, et annoncer votre invasion. Remarquez que je ne réponds de rien, et que ces gens si calmes le seront beaucoup moins tout à l'heure. Quant à moi, vous serez obligés de m'arracher de mon bureau, et je pousserai des cris d'aigle, en me roulant par terre...

— Alors vous vous rébellionnez, reprit sévèrement le brigadier.

— Moi, pas encore. Tenez : un conseil ! Dressez-moi procès-verbal ; demain, j'irai chez le commissaire, et, de la sorte, vous épargnerez à vous et à vos hommes la besogne de chasser trois cents personnes, qui ne se laisseraient pas faire.

On me dressa procès-verbal, ainsi qu'à l'hôtelier.

Le lendemain, à neuf heures, je me présentai au commissaire. Ce magistrat, contre mon attente, je dois le dire, se montra fort aimable.

— Oui, dit-il, j'avais donné des ordres, mais, précisément hier au soir, mon fils, qui est étudiant, se trouvait parmi vous, il est ravi. Eh bien ! mais faites une demande en règle, je l'appuierai, et d'ici là, déclarez-moi que vous répondez de l'ordre intérieur.

Et moi, parodiant Napoléon III :

— De l'ordre ? j'en réponds !

Cela se passait, tandis que M. Gigot était préfet de police.

Quelques jours plus tard, je me trouvais, au banquet de la *Marmite Républicaine* — une réunion de sénateurs, de députés, d'hommes politiques et d'artistes— à côté de M. Andrieux qui posait, dès lors, sa candidature à la Préfecture de police. Comme je lui narrais cette escarmouche, il me dit :

— Pardieu ! la police veut avoir la main sur vous ; croyez-vous qu'on va vous laisser le pouvoir, à vous et à vos amis, de faire manœuvrer trois ou quatre cents jeunes gens ? Toutefois, insistez, vous obtiendrez gain de cause. Si vous aviez demandé avant, on vous aurait blackboulé ; mais, le fait existant, vous avez des chances.

Comme M. Andrieux remplaça M. Gigot, quelque temps après, je lui rappelai notre conversation, et il me recommanda au chef du 3ᵉ bureau, chargé des concerts, réunions artistiques, etc., etc.

Là, je dus fournir des statuts. J'improvisai cinq articles sur une table de café. Le chef me fit remarquer qu'il en manquait un *indispensable*, celui-ci : les femmes ne sont pas admises aux séances.

Diable ! diable ! et tous les auditeurs hydropathes, au moins presque tous, ne venaient là, que, parce qu'ils étaient à peu près mariés.

— Mais, déclarai-je au chef du 3ᵉ bureau,

si Mme Sarah Bernhardt qui a bien voulu accepter le titre d'hydropathe (1) daigne assister à une de nos séances et y faire ouïr sa voix d'or ?

— Oh ! Mme Sarah Bernhardt, dit le chef, pardieu ! Ce n'est pas une femme, c'est la grande artiste...

— Bon, répliquai-je, mais si telle ou telle autre actrice, Mlle Réjane, ou Mlle Reichemberg, veulent venir, faut-il leur clore la porte sur le nez ?...

— Non, non, sans doute, ce sont des actrices..

— Mais... les élèves du Conservatoire ?

— Bien, bien, bien, elles se destinent à la carrière dramatique...

— Mais... mais... les jeunes filles qui se préparent pour entrer plus tard au Conservatoire...

— Assez ! assez ! cria le chef, vous êtes un joyeux mystificateur. Concluons : vous recevrez, sous votre responsabilité, et à titre de tolérance de notre part, toutes les femmes que vous voudrez ; mais, afin que nous ayons le droit de sévir en cas de scandales, vous allez ajouter

---

(1) Authentique.

l'article : les femmes ne sont pas admises aux séances des hydropathes.

Ainsi fut fait. Et les femmes vinrent, et les rimes furent parfois entrecoupées de flirtations — oh ! discrètes ! à cause du fameux article comminatoire ; d'ailleurs, on ne les exagérait qu'à la sortie, sous les pâles rayons de la lune, et sous l'œil paternel des sergents de ville absents.

VIII

Les séances des *hydropathes*. — Les poètes diseurs. — Les jeunes acteurs. — Dénombrement quasi homérique. — A moi le Bottin ! — Hydropathesques chansons. — Les chants populaires. — Proclamons les principes de l'art !

Je voudrais donner la sensation de ces séances extraordinaires, parfois tumultueuses à propos de rien, le plus souvent paisibles, tandis que les auteurs et les diseurs aimés apparaissaient sur la scène... (car il y eut une scène, rue de Jussieu, et place Saint-Michel, n° 1). Je voudrais n'être point fastidieux pour le lecteur, et me montrer aussi complet que possible. Bien des jeunes gens ont passé par là, dont le nom peut m'échapper aujourd'hui ; mais à l'impossible nul n'est tenu. Ce n'était point une petite église que les *hydropathes*, mais une sorte de *forum* ouvert à tous ; dès lors, le recensement est à peu près impossible. Je citerai donc au hasard sans parti pris, comme si, de nouveau élu président, j'avais à organiser une séance hydropathisante. — O vieux siège curule, pipe présidentielle, et bocks d'honneur! Sapristi! c'est beau d'être jeune!

Dénombrons! dénombrons! C'était Maurice Rollinat qui venait, de sa grande voix de lamentation, chanter *les Platanes* de Dupont dont il avait écrit la musique, ou qui, secouant sa chevelure sur son front, dardant de terribles regards, et tordant sa bouche en un satanique rictus, débitait le terrible *Soliloque de Troppmann*, ou quelqu'une de ses autres pièces : *Mademoiselle Squelette, la Dame en cire*, etc. (1). Auteur, acteur, compositeur, chanteur et pianiste, Maurice Rollinat obtenait un succès incroyable, en torturant les nerfs de ses auditeurs. Si je devais seulement citer les pièces, ou les musiques, qui firent trépigner les hydropathes, dans un délire d'applaudissements, je serais obligé de prendre la liste de ses poèmes, *les Brandes* et *les Névroses*, et de ses

---

(1) *Les Brandes, les Névroses* de Maurice Rollinat, Charpentier, édit.

chants publiés chez Hartman. Qui n'a fait que le lire, n'a point connu ce merveilleux artiste.

C'était Paul Mounet qui d'une voix métallique disait *la Conscience*, de V. Hugo, ou *le Testament* de Murger; parfois, se déguisant en ouvrier, retroussant ses manches sur ses larges biceps, passant un foulard rouge autour de son cou solide, et laissant flotter une blouse bleue sur son dos, il *jouait la Grève des Forgerons*. C'était Villain (1) qui récitait *la Ballade à la Lune*, d'André Gill :

> Bon sang d'bon dieu, fait-y un vent.
> Je mets pas un pas l'un l'aut' devant;
> J'arriv'rai jamai' à Montrouge.
> C'est-y qu' j'ai bu; non, j'ai rien bu;
> Et d'abord ça m'est défendu
> Si c' n'est avec Alphonse Lerouge.

C'était Leloir (2) qui venait chanter d'une voix de fausset la si charmante et archaïque chanson, écrite par Émile Pessard, sur des paroles attribuées à Mlle de Longueville :

> Il est certain qu'un jour de l'autre mois
> M'est advenu bien merveilleuse chose;

---

(1) De la Comédie-Française.
(2) Alors, au troisième Théâtre-Français (ancien Déjazet), depuis à la Comédie-Française.

Toute seulette étais au coin du bois,
Vint mon ami plus frais que n'est la rose ;
Il me baisa, d'un baiser sage et doux,
Et puis après, il me fit chose amère,
Si que lui dis, me mettant en courroux :
— Tenez-vous coi, j'appellerai ma mère.

. . . .
. . . .

Il est certain qu'alors il m'arriva
Chose nouvelle à quoi n'estais pas faicte.
Et quasi morte, un baiser m'acheva,
Qui me rendit les yeux clos, et muette ;
Me réveillai, mais d'un réveil si doux
Que remourus tant il me fit grand' chère,
Si que lui dis, sans me mettre en courroux :
« Tenez-vous coi, j'appellerai ma mère ! »

C'était Coquelin Cadet à qui l'on demandait trois ou quatre monologues, et, pour finir, *le Hareng saur*, de Charles Cros.

Il était un grand mur, nu, nu, nu
. . . .
J'ai conté cette histoire, simple, simple, simple,
Pour ennuyer les gens graves, graves, graves,
Et amuser les enfants petits, petits, petits.

Et les grands enfants s'amusaient aussi.
C'était Charles Cros lui-même qui venait, avec des gestes bizarres, l'air soucieux, oubliant

ces folles parties de rire, dont il est coutumier, pour rêver à tant d'amours défuntes et aux ironies parfois amères des destinées :

Dans tes cheveux, flot brun qui submerge le peigne,
Sur tes seins frissonnants, ombrés d'ambre, que baigne
L'odeur des varechs morts dans les galets, le soir,
Je veux laisser tomber, par gouttes, les essences
Vertigineuses — et, plis froids, les patiences
Orientales en fleur d'or sur tulle noir.

Éventrant les ballots du pays de la peste,
J'y trouverai, trésor brodé, perlé, la veste
Qui cache mal ta gorge et laisse luire, nus,
Tes flancs. Et dans tes doigts je passerai des bagues
Où sous le saphir, sous l'opale aux lueurs vagues,
Dorment les vieux poisons aux effets inconnus.

Dans l'opium de tes bras, le haschisch de ta nuque,
Je veux dormir malgré les cris du monde eunuque,
Et le poignard qui veut nous clouer cœur sur cœur,
Qu'entre tes seins, faisant un glissement étrange,
Ton sang de femme à mon sang d'homme se mélange,
Et la Mort cédera devant l'Amour vainqueur.

Ou c'était André Gill, qui, de sa grosse voix, la moustache en croc, et les cheveux en coup de vent, prononçait :

L'HOROSCOPE

Malgré les larmes de ta mère,
Ardent jeune homme, tu le veux,

> Ton cœur est neuf, ton bras nerveux,
> Viens lutter contre la chimère.
>
> Use ta vie, use tes vœux
> Dans l'enthousiasme éphémère,
> Bois jusqu'au fond la coupe amère,
> Regarde blanchir tes cheveux.
>
> Isolé, combats ! Souffre ! Pense !
> Le sort te garde en récompense
> Le dédain du sot triomphant,
>
> La barbe auguste des apôtres,
> Un cœur pur et des yeux d'enfant
> Pour sourire aux enfants des autres.

N'est-ce pas navrant, avec la reculée du souvenir, d'apercevoir cet athlète, gémissant cet « horoscope », lui qui devait être courbé sous les effroyables douches de Charenton.

C'était Charles Frémine, le rude gars normand, le chantre de *Floréal*, le poète des *Pommiers*. C'étaient Paul Arène, Buffenoir, Léon Valade. Et Monselet disait le fameux sonnet du cochon :

> Je t'adore, ô cochon, cher ange !

C'était Georges Gourdon, que la politique a pris un peu trop et Mélandri, photographe, poète et dramaturge; Alphonse Laffitte, un gai,

Raoul Fauvel, un triste ; Adolphe Martin, qui a su trouver au fameux mot en *erde* une rime bien inattendue. Un ancien incroyable raconte la bataille de Waterloo, et termine à peu près ainsi, supprimant les *r* :

>Quand les Anglais c'iaient : A l'aide !
>Cambonne leu épondit : Mède !

C'était le poète Paul Marrot (1), petit, alerte, et redoutant les courants d'air : il disait des poèmes philosophiques ou des pièces gaies. *Les Tambours, la Bourse, les Larmes, les Assiettes peintes, la Tête du moine* (que je regrette de ne pouvoir citer). Voici un *tableau de rue :*

>Je vis, traînant sur le pavé,
>Un cul-de-jatte lamentable ;
>Il était haut comme une table,
>Triste comme un tambour crevé.
>
>A ses côtés, sa femme maigre
>Demandait des sous aux passants,
>En tirant des bruits languissants
>Des boyaux d'un violon aigre.
>
>L'estropié faisait pitié,
>Son état, qui portait aux larmes,
>Ajoutait je ne sais quels charmes
>Au violon de sa moitié.

(1) Lemerre, éditeur.

>   Race humaine, race ironique,
>   Pour secouer ton embonpoint.
>   La misère ne suffit point,
>   Il y faut un peu de musique.

Et Edmond Haraucourt, le poète à double visage, sire de Chambley pour les choses lestes, Haraucourt pour les graves. L'auteur de l'*Ame nue* et des *Amis* (1) :

LE BOUCLIER

Le ventre de la femme est comme un bouclier
Taillé dans un métal lumineux et sans tache,
Dont la blancheur se bombe, et descend se plier
      Vers l'ombre où sa pointe se cache.

Depuis l'angle d'or brun jusqu'au pied des seins nus,
Il s'étale, voûtant sa courbe grasse et pleine ;
Et l'arc majestueux de ses rebords charnus
      Glisse dans les sillons de l'aine.

Tandis que, ciselé sur l'écusson mouvant
Où s'abritent la source et les germes du monde,
Le nombril resplendit comme un soleil vivant,
      Un vivant soleil de chair blonde !

— Magique bouclier dont j'ai couvert mon cœur !
Égide de Vénus, ô Gorgone d'ivoire,
Dont la splendeur joyeuse éblouit ma rancœur
      Et rayonne dans ma nuit noire !

(1) Charpentier, éditeur.

Méduse qui fais fuir de mon cœur attristé
Le dragon de l'Ennui dont rien ne me délivre;
Arme de patience avec qui j'ai lutté
    Contre tous les dégoûts de vivre!

Je t'aime d'un amour fanatique et navrant;
Car mes seuls vrais oublis sont nés dans les luxures,
Et j'ai dormi sur toi comme un soldat mourant
    Qui ne compte plus ses blessures.

C'est pourquoi ma douleur t'a dressé des autels
Dans les temples déserts de mon âme embrunie;
Et j'y viens adorer les charmes immortels
    De ta consolante harmonie.

Et le poète belge Georges Rodenbach, dont un critique a dit qu'il était le Coppée de la Belgique, récitait quelques pièces de son premier volume : Les *Tristesses* (1).

Moi qui rêve toujours, moi qui n'ai jamais ri,
Je ne puis résister à l'amour qui m'obsède.
Il faut que j'ouvre enfin mon cœur et que je cède,
Et que j'offre aux baisers mon profil amaigri.

L'étude dont mon rêve idéal s'est nourri,   [mède;
Dans le drame des jours, n'est qu'un triste inter-
C'est l'amour, l'amour seul qui sera le remède,
Car la vie est la tombe où l'amour a fleuri !...

Je vais donc me livrer à l'instinct qui l'emporte,
  Et —dût mon cœur saigner! — je vais ouvrir la porte,
Mais toi, femme inconnue et vague que j'attends,

(1) *Tristesses*, Lemerre, éditeur.

En entrant, souviens-toi que tout ce cœur est vierge,
Que c'est un temple rempli de rêves éclatants,
Et ne t'y conduis pas comme dans une auberge.

C'était Fernand Icres qui faisait dire par Lebargy la pièce suivante :

LE PACTE

A Émile Goudeau.

Un soir, Faust, délaissant grimoires et cornues,
Écoutait les vents froids gémir sur la forêt ;
Il regardait flotter les blancs linceuls des nues,
Et, sentant le grand ciel vide, il désespérait.

Alors, soudain, des voix on ne sait d'où venues,
Comme des cris aigus d'un loup qui hurlerait,
Jettent à ses côtés des notes inconnues...
La salle s'illumine et Satan apparaît.

Satan ! quand, à l'appel sombre du vieil athée,
Tu vins ainsi, tu vis la plume ensanglantée
Frissonner sous l'effroi dont hésitait sa main.

Eh bien ! pour une nuit d'amour et de délire,
Méphisto ! donne-moi le fatal parchemin,
Et je le signerai sans trembler, — et sans lire.

Icres, l'ami, l'élève de Léon Cladel, préludait ainsi. Puis, quand il eut composé *l'Ancienne*, *le Mitron* etc., etc., il se risqua à dire lui-même, ce qui en somme était le but des hydropathes.

Félix Décori, avec son frère Louis Décori, devenu acteur, et qui créa si nature le rôle de *Marie-Pierre* dans *la Glu* de Richepin, jouait la scène de *don Salluste* et de *don César de Bazan* dans Ruy-Blas, il jetait aussi alors sonnets sur sonnets, et des ballades. Je ne cite rien. Félix Décori est aujourd'hui un des meilleurs parmi les jeunes avocats d'assises. Il a peut-être oublié cette si jolie chose sur laquelle Fragerolle a délicatement posé une touche de musique sentimentale :

Margot ! la joue en fleur, la lèvre parfumée,
Sourit au doux parler d'un damoiseau muguet.

Maintenant il clame : « Messieurs de la Cour, messieurs les jurés. C'est une victime sociale qui... » Parfois, il doit regretter Margot, nous aussi... à moins que — oui ! un sonnet est si vite commis entre deux plaidoiries.

C'était Félicien Champsaur, qui, sobre de gestes, avec une toute faible voix, murmurait :

Quand celle qu'il aimait, après avoir, six mois,
Sans se plaindre, souffert, avec douceur fut morte,

Comme mourait l'avril, — il ferma bien sa porte
Et revint près du lit, sans raison et sans voix.

Sentant peser sur lui les implacables lois,
Il ne pleura pas, mais rêveur d'étrange sorte,
Près du cadavre blanc, paré pour qu'on l'emporte,
Il écrivit des vers, les yeux fixes parfois.

Dans ces vers, il céla son âme, l'être même ;
Pour la femme adorée, il fit un long poème,
Douloureux et poignant, un monde... un univers...

C'était un pur chef-d'œuvre, élégie immortelle,
Dans le cercueil béant, lui, muet, mit ses vers,
Pour qu'ils ne fussent lus de personne autre qu'elle.

Et bien d'autres sonnets : *les Violettes* (si jolies et parisianistes !) ; *la Libellule*, etc., etc., (1).

Champsaur fit mieux encore que de dire des vers aux hydropathes, il écrivit sur eux un article en tête du *Figaro*. Son entrée au *Figaro* lui valut du reste un duel, où il blessa son adversaire, mais, en revanche, le journaliste tua du coup le poète ; il est vrai que, des cendres, il sortit un romancier, l'auteur de *miss America*, parisienne étude, et du *Cœur* avec bien des et cœtera.

Et Jean Floux, dont le volume de vers très

(1) Édités chez Lemerre.

parisiens est introuvable, et Théodore Massiac dont le livre, manuscrit, attend l'imprimeur, et Gaston Sénéchal, que les destins bizarres ont réduit à donner des conseils au préfet de l'Yonne, et Guy Tomel, qui disait un conte archaïque, *les Veilleuses du Paradis*, et Victor Zay qui mourut si jeune, et Léo Trézenick qui débitait ses *Gouailleuses*, et Charles Lomon, l'auteur de *Jean d'Acier*, joué au Théâtre-Français, et Louis Tiercelin, et Armand Masson, et Joseph Gayda, le méridional blond, qui avait moins d'accent que Fernand Icres, mais débitait avec lenteur les vers de son *Volume*, et Eugène Godin l'auteur des *Cités noires*, et Mac-Nab, et Georges Lefebvre, qui monta *la Cruche cassée* au théâtre Taitbout et disait si drôlement *les Grenouilles qui*, et bien d'autres ... exigeraient pour être dénombrés le talent spécial d'Homère. Et encore Homère dormait parfois.

Voici pourtant surgir, du fond de ma mémoire, Guilleminot, un barde à lunettes, presque aveugle, à moitié sourd, et idéaliste, qui déclamait, au milieu de rires aigus et inentendus, des lambeaux d'un Vercingétorix ; il eut pourtant son succès avec une piécette dont les strophes se terminaient par ce refrain

Quand vous passez par le chemin des *ornes* (sic),
Gens mariés, prenez garde à vos cornes,
Il fait un vent à décorner les bœufs.

Je dois pourtant réserver une place d'honneur à ceux qui furent vice-présidents, dès le début comme Georges Lorin, un peu plus tard, comme Georges Moynet et Grenet-Dancourt.

Lorin présidait peu, il n'aimait pas faire de l'autorité (c'était pourtant nécessaire); il préférait crayonner des *binettes*, ou ciseler des monologues en vers. Ce sont des promenades parisiennes : *les Maisons, les Gens, les Affiches, les Dames, la Ronde* (un petit chef-d'œuvre), *les Ombrelles, les Éventails, les Voitures, les Arbres* et bien d'autres et cœtera, dont fut composé plus tard le volume intitulé *Paris-Rose* (1), illustré par Cabriol et Luigi Loir. Il fallait entendre Lorin débiter ces vers d'une voix vague, neigeuse :

Avec leurs yeux carrés, rangés
Comme des soldats en bataille,
Les maisons en pierre de taille,
Regardant les flots passagers

(1) *Paris-Rose*, Ollendorff, éditeur.

> De Parisiens, d'étrangers,
> Courant, au milieu des dangers
> Du trottoir traître et des voitures,
> Après l'or et les aventures,
> Avec des pas lourds ou légers.

Georges Lorin, pas bachelier, simple Parisien des écoles communales, aimant son Paris, a vingt fois trouvé des accents tout spéciaux pour chanter sa grand'ville en déshabillé. C'est, lui, un moderniste. Qui sait si, plus tard, les poètes sauront le grec? Parfois, dans la toge du poète, les pieds de Lorin s'embarrassent, et déchirent un peu l'étoffe; puis, bast! une pirouette, un lazzi de gavroche, une larme de spectateur ému et sincère de l'Ambigu, et il se retrouve bon Parisien d'atelier, doux rêveur d'asphalte, guettant à la lune les minois qui passent, ou bien les vitres qui s'allument, se garant des voitures, et mordant son mouchoir pour dissimuler des sanglots. Ce doux rêveur fut mon premier camarade... mais quel mauvais président d'hydropathes! trop libéral, trop libéral!

Un autre vice-président, c'était Georges Moynet. Encore un Parisien, né à Versailles, mais joyeux, et pas versificateur pour un liard — il a essayé de versifier une opérette, son collaborateur est devenu fou. Moynet était architecte, et, ma foi, menait la vie joyeuse, sans souci, cueillant des aventures inouïes avec tranquillité. Le soir des banquets professionnels, on lui demandait de narrer quelques-unes de ces aventures épiques. Il le faisait de bonne grâce, et l'on se tordait.

Amené aux hydropathes, il fut dénoncé comme un diseur de premier ordre, se défendit, puis, harcelé, céda, et réimprovisa ces choses invraisemblables : *Le Canard, le Phoque, la Bergère Watteau*, et bien d'autres. Après audition — un rêve ! — l'*Hydropathe* le pria de libeller sur papier ordinaire ces récits fantasques, il céda encore, et peu à peu fut formée une collection que l'éditeur Jules Lévy, roi des incohérents, et hydropathe aussi, a publié sous ce titre *Entre-Garçons*. La vocation littéraire de Moynet nuisit à l'architecture, qui a peut-être en lui perdu un Vitruve ; car il avait publié déjà dans la bibliothèque des *Merveilles, les Merveilles du Théâtre* ; mais nous avons gagné un roman étonnant, d'une profondeur d'observation merveilleusement cruelle sous sa forme gaie, et d'un style serré, précis, vivant. Je saisis l'occasion de dire que *Zonzon* (c'est le titre de ce roman) n'a obtenu qu'un ou deux articles (de Sarcey par exemple, très bien); mais Moynet ne s'étonne pas pour si peu, il en écrira un autre.

A cette époque, il jetait aux éclats de rire une pâture de monologues invraisemblables. Aussi il a été vice-président. Hé ! hé !

C'était Grenet-Dancourt, le futur auteur de *Trois Femmes pour un mari*, ce grand succès, acteur et auteur, qui disait *l'Aigle du casque* de Hugo, et de lui (dans la note noire) *la Tombe du supplicié*; puis, dans le ton comique : *Une Nuit terrible* ou bien *Adam et Ève* (1).

Galipaux, avec des monologues de son ami Paul Bilhaud, à moins que Paul Bilhaud ne les dît lui-même.

Et puis d'autres jeunes élèves du Conservatoire, tels que Calmettes, Ruef, Jules Lévy, devenu depuis empereur des incohérents, et... éditeur. Ils disaient des poèmes de Sully-Prudhomme, de Silvestre, de Mendès — J'ai de la sorte appris par cœur *le Consentement*.

Baudelaire, Musset et Lamartine avaient

---

(1) Les monologues de Grenet-Dancourt ont obtenu, depuis, une renommée européenne et même américaine, dits par Coquelin aîné. Ils sont édités chez Ollendorff.

aussi leur très large part, et Alfred de Vigny, écorchés quelquefois par les acteurs imberbes, mais toujours applaudis par les spectateurs hydropathes, qui frais émoulu de leurs lycées complétaient de la sorte leur éducation poétique.

Le côté *fumiste* et tintamarresque était représenté par Charles Leroy, qui, là, débitait par tranches son *Colonel Ramollot;* par Jules Jouy qui, de sa voix de phonographe, détaillait ses chansons folles, et préludait à ces futurs succès du *Chat Noir.*

Tout cela, et bien d'autres choses encore, s'entremêlait en un programme surchargé.

Parfois, le président cédait sa sonnette à Puy-Puy et redevenant Émile Goudeau, l'auteur des *Fleurs du Bitume,* récitait *les Romaines,* ou *les Grecs,* ou *les Polonais,* les jours où il se sentait en belle humeur parisienne; parfois, attristé par les mauvais coups que le destin épargne peu aux bohémiens, il choisissait quelque pièce de *la Saison de spleen, la Marche,* par exemple :

> J'ai mis trop loin, trop haut, le rêve de ma vie,
> Vision d'avenir aimée et poursuivie
>   A travers de longs jours de deuil.

J'étais parti joyeux, sans regarder derrière,
Lutteur, je me fiais à ma force guerrière
    Et je n'avais que de l'orgueil...
. . . .
J'ai compté bien longtemps les bornes de la route;
Et disais : « En marchant de la sorte, sans doute
    « J'arriverai là-bas, ce soir ! »
Et les pas succédaient aux pas, les vals aux côtes;
Mes rêves étaient loin, et mes étoiles hautes,
    Et le ciel bleu devenait noir....
. . . .
Désirer! Devenir! c'est la loi de nature!
Marche encore et toujours! marche! si d'aventure
    Tu touchais ton but de la main,
Laissant derrière toi l'oasis et la source,
Vers un autre horizon tu reprendrais ta course :
    Tu dois mourir sur un chemin!

Quelquefois Puy-Puy, le vice-président comte Alfred de P..., entraîné par l'exemple, se levait, ajustait son monocle, et après avoir légèrement rectifié l'alignement de sa barbe à la Henri IV, disait *l'Aiguille*, que Barthélemy improvisa, un soir, chez la marquise de Talabot, au moment où cette dame, un peu vive, s'était assise, à son dam, sur une aiguille, cachée en un coussin. Je donne ici ce morceau qui, je crois, est assez rare, et d'un ton aimablement gaulois, dont nous sommes déshabitués :

(1) *Fleurs du Bitume* (1ʳᵉ édit. Lemerre). Xⁿᵉ édit. Ollendorff.

L'AIGUILLE.

Une étrange nouvelle est ici parvenue!
On prétend qu'embusquée au milieu d'un fauteuil,
Une aiguille a percé votre peau blanche et nue,
Dans un endroit soustrait aux profanes coups d'œil.

Pardonnez-lui, madame, un crime involontaire,
Un crime non commis dans un but libertin,
Sans doute elle pensait remplir son ministère,
Et n'être pas coupable en piquant du satin.

Dieu merci! de la peur que vous avez conçue
Il ne vous reste plus qu'un cuisant souvenir.
Et cette histoire a pris une comique issue,
Alors qu'elle pouvait tragiquement finir.

Ah! madame, pour vous quelle triste aventure!
Quel deuil pour votre époux! si, s'égarant ailleurs,
Cette aiguille, exercée à l'œuvre des tailleurs,
Au lieu de faire un point, eût fait une couture.

Les hydropathes changèrent plusieurs fois de local. La rue de Jussieu, derrière les animaux féroces du jardin des Plantes, les vit longtemps, puis une cave sise sous le café de l'Avenir, 1, place Saint-Michel; le public se renouvela plusieurs fois, les poètes jeunes vinrent : Laurent Tailhade, Jean Moréas, d'Esparbès, Marsolleau, Ajalbert, etc.

Quant au public, il ne s'agirait plus d'être Homère pour le dénombrer, Bottin y suffirait à peine. Notez que chaque année, durant quatre ans, de nouveaux venus s'avancent sur cette terre bénie qui s'appelle le quartier Latin, où l'on devient ancêtre au bout de cinq ans, et momie en dix années.

Nous avons vu là, depuis des hommes politiques tels que M. Viette, le ministre, jusqu'aux hommes de science comme le Dr Monin, une série d'auditeurs. Des peintres à foison, Dillon, Willette, Mesplès, René Gilbert, Michel de l'Hay, Luigi Loir, Bastien-Lepage et d'autres. Puis des fantaisistes, tels que Bryois, tour à tour secrétaire de théâtre et voyageur au Congo, etc., etc., etc.

Et maintenant parlons un peu musique. Oh! quelques noms à peine. La pianiste polonaise Marylka Krysinska, le violoncelliste merveilleux Jean Tolbecque, le compositeur Léo Goudeau (Montancey) qui a laissé deux ou trois œuvres légères dont P. P. C. et *Musique éparse* sont les meilleures; l'organiste Maurice Petit, le compositeur Georges Vuidet, le violoniste suédois Zetterquist, le compositeur Marcel Legay. Ici un tiret : Maurice Rollinat avec ses compositions macabres, et sa terrible voix de deux octaves, âpre, dure, perforante. Et le subtil de Sivry, le doux cabaliste, avec parfois tout un orchestre. Puis, le maître musicien, le maître chanteur des hydropathes, Georges Fragerolle : je cite parmi ses compositions *le Noël* de Jean Richepin, *la Promenade* de Bouchor, *le Chat botté* d'André Gill, *Si voulez, mademoiselle* d'Émile Goudeau ; dès cette époque, avec un talent incontestable, il prenait les paroles des poètes et leur donnait les ailes de la musique, et surtout, il les chantait lui-même avec une voix de baryton Martin douce et forte, franche et souple. Ç'a été le maëstro des hydropathes, comme il l'est du *Chat Noir*. D'autres compositions telles que *la Marche de Macbeth* suffiraient à le classer ; mais il n'en abuse pas, et préfère chanter ce qui sonne net, et entre bien dans l'oreille. A quand son opéra-comique ?

Je ne puis rien citer du compositeur, n'est-ce-pas ? J'entends néanmoins en écrivant ces lignes un tas de tradéri, la la la, farafanfan, la la lère... Et puis les bravos des gens attablés. Bis ! bis ! bis !

Seulement il était un peu fumiste, ce Fragerolle, et allumait en ce temps-là trop de feux de bengale dans la salle des séances. Les musiciens ne sont pas parfaits.

Existaient aussi — ô musique nécessaire ! — les chansons répétées en chœur (1).

Comme il y avait deux ou trois clans aux hydropathes : les poètes rêveurs, les versificateurs gais, les tintamarresques, et les fumistes, plus les braves auditeurs, les chansons adoptées sont de genre très divers.

D'abord, les deux marches hydropathesques, écrites par Georges Lorin ; voici quelques strophes du *Bon Diable* :

> Des gens à très bonne tête,
>   Troubleurs de fête (*bis*)
> Disent de moi bien du mal,
>   C'est égal !
> Dans mon enfer on s'amuse,
>   Du moins je le crois ;
> La grande reine est la Muse
>   L'Art est le grand roi....
>   Je suis bon diable !
> Ah ! ah ! venez avec moi.

. . . .

> Dans mon antre, on ressuscite
>   La réussite (*bis*) ;
> On n'y chante point les vers
>   De travers.
> Chacun descend dans l'arène,

(1) Dans son numéro du 10 septembre 1887, *l'Intermédiaire des chercheurs* demandait quelles étaient les chansons hydropathesques. En voici donc quelques-unes.

Sans peur du tournoi.
La sympathie est la reine,
Le bon sens est roi...
Je suis bon diable!
Ah! ah! venez donc avec moi.

Puis, à la suite des premières vacances (car il y a des vacances au quartier Latin), *la Ronde du retour.*

Enfin, voici les amis, tour à tour,
Hydropathes,
Sans épates,
Sur leurs pattes,
De retour.
Longues furent vos absences!...
De profundis les vacances!
On voit, fortes,
Vos cohortes,
Par les portes,
Revenir.

Déjà, l'archet guette les violons,
Et l'artiste
Pianiste
Suit la piste
Des points ronds!
Adieu donc! les paysages,
Lacs, torrents, ruisseaux, rivages,
Foins, fougères,
Ménagères,
Les bergères,
Le grand'air...

C'est maintenant, au rythme de nos vers,
Qu'on évoque,
Mont, bicoque,
Roc baroque,
Ou prés verts.
Le président fait sa tête (1),
Il agite sa sonnette :
« Du silence !
« Qu'on commence ! »
Bonne chance,
Et grand succès !

Cela se chantait à deux cents voix. Rude effet. Eut également beaucoup de succès le *Noël* de Richepin, musique de Fragerolle (2).

Noël ! Noël ! les amoureux
Sont bien heureux ; car c'est pour eux
Qu'est fait le manteau gris des brumes ;
Sonnez, cloches ! cloches, sonnez !
Le pauvre diable, dans son nez,
Entend carillonner les rhumes.

Noël ! Noël ! les bons dévôts
S'en vont chanter, comme des veaux,
Près de l'âne autour de la crèche....
Notre homme trouverait plus neuf
De manger un quartier du bœuf,
Et dit que ça sent la chair fraîche.

(1) Merci.
(2) *Chanson des Gueux*, Dreyfous éditeur.

. . . .
Noël! Noël! le prêtre dit
Que, parmi nous, Dieu descendit
Pour consoler le pauvre hère....
Celui-ci voudrait bien un peu
Boire à la santé du bon Dieu :
Mais Dieu n'a rien mis dans son verre.
   Noël! Noël!

A côté de ces mélopées artistiques, il y avait la chanson demi-politique, la mazarinade. J'en demande pardon aux dieux tombés, mais cela est historique. Ces paroles sont d'un gentilhomme, M. de C..., voilé sous le pseudonyme de de Loya :

Nous avons eu, sur le trône de France,
Des maréchaux, des rois, des empereurs,
Tous ces gens-là barbotaient nos finances.
Y n'en faut plus, Français, y a pas d'erreur.
Grévy fait r'naître nos cœurs à l'espérance,
Il est intègre et joue bien au billard ;
C'est tout c'qu'il faut pour gouverner la France
A ce jeu-là l'on n'perd pas cinq milliards.

   Refrain :

Elle est sauvé' not' sainte république
Allons, Français, n'ayons tous qu'un seul cri,
Pour acclamer Grévy le Jurassique
Crions, Français : Vive Jules Grévy !
   Vive Grévy !

Plus de Mexiqu', plus de folles conquêtes,
Plus de galas, plus de ruineuses cours;
Tout pour le peup', à lui toutes les fêtes
Plein' de lampions, de drapeaux, de discours;
Not' président sait fair' des beaux messages,
Son diadème est un chapeau gibus;
Et dédaignant les somptueux équipages
Pour ses six sous, il mont' dans l'omnibus.

Refrain.

On voit dans quel genre d'esprit cela était conçu, je ne donne pas les deux derniers couplets, dont l'actualité seule faisait le mérite.

Pour mon compte, je préférais de beaucoup les vieilles chansons populaires, telles que *le Cycle du vin.*

Le vigneron s'en va planter sa vigne
Vigni, vignons, vignons le vin;
La voilà la jolie vigne au vin
La voilà, la jolie vigne!

De vigne en terre! la voilà la jolie terre!
Terri, terrons, terrons le vin;
La voilà la jolie terre au vin!
La voilà, la jolie terre!

Et de *terre* en *cep*, de *cep* en *branche*, de *branche* en *grappe*, et toujours.

> Grappi, grappons, grappons le vin,
> La voilà la jolie grappe au vin,
> La voilà la jolie grappe.

De *grappe* en *hotte*, de *hotte* en *cuve* : La voilà la jolie *cuve* !!! avec un arrêt suspensif. Puis de *cuve* en *tonne*, de *tonne* en *cruche*, de *cruche* en *pinte*, de *pinte* en *verre*, de *verre* en *bouche*, et à chaque mot le : Bouchi, bouchons, bouchons le vin !

Puis de *bouche* en *ventre*, et de *ventre* en *pisse*.

> Pissi, pissons, pissons le vin !

Enfin de *pisse* en *terre* :

> Terri, terrons, terrons le vin !

Et le cycle peut recommencer, comme tout bon cycle.

Une autre encore, dans le genre gaulois et libre, ce sont les trois canonniers (pardon, mesdames !)

> Trois canonniers sont sortis de l'enfer } *bis*
>   Un soir par la fenêtre !
> Il paraîtrait que Lucifer
>   N'en était (*bis*) plus le maître.
> La sentinelle qui les gardait } *bis*
>   Était un frèr' minime.

Elle leur cria par trois fois : halte-là !
Halte-là ! halte-là ! Qui vive !
Les trois canonniers lui ont répondu :
Nous somm' trois bons bougr' qui te pissons au c...

C'était un chœur formidable et soldatesque... Encore une :

Ah ! si la Seine était de ce bon vin de Beaune,
Et que mon gosier fût large de cinq cents aunes,
Je m'en irai dessous un pont,
Là, je m'étendrai tout du long ;
Et je ferai descendre
La Seine dans mon ventre.

Et si le roi Henry voulait me le défendre,
Je lui dirais : Beau roi Henry
Gardez Paris,
Paris avec Vincennes,
Mais laissez-moi ma Seine !

La *Marguerite* (ou *Madeleine*) coiffée de six bouteilles de vin, déjà citée plus haut, la *Ballade de Jésus-Christ qui s'habille en pauvre*, et la terrible chanson de *la Femme du roulier*.

Ah ! c'est la femme, c'est la femme du roulier,
Qui s'en va de porte en porte et d'auberge en auberge,
Pour chercher son mari,
Tire-li
Avec une lanterne.

Elle réclame son mari ; son mari est ivre-mort et couché avec une servante ; toute pleurante, elle retourne au logis, clamant son désespoir :

> Mes pauv's enfants, plaignez votre malheur,
> Plaignez votre destin d'avoir un pareil père ;
> Je l'ai trouvé couché,
> Tire-lé,
> Avec une autre mère !

> Il a bien fait, répondirent les enfants,
> Il a bien fait d' coucher avec la femm' qu'il aime ;
> Et, quand nous serons grands,
> Tire-lan,
> Nous ferons tous de même !

Dans une note, assurément moins féroce, il y avait les *Principes de l'Art* de Charles Cros, dont on a pu entendre récemment quelques couplets au Vaudeville, dans *l'Affaire Clémenceau*. Ce sont des sculpteurs qui parlent :

> Proclamons les princip' de l'art,
> Que personn' ne bouge !
> La terre glais', c'est comm' le homard.
> Un' deuss', quand c'est cuit, c'est rouge.

> Proclamons les princip' de l'art !
> Que tout le monde se saoûle !
> Le plâtre est bien un peu blafard...
> Un', deuss', mais il coul' bien dans l'moule...

> Proclamons les princip' de l'art,
>   Que tout l' monde s'épanche ;
> Le marbre est un' matière à part :
> Un', deuss', y en n'a pas d'plus blanche.

Et l'on proclamait les principes de l'art, avec des cris farouches de Gaulois exaspérés, et, parfois, pour ajouter au tumulte, le barde Quellien venait pousser le cri du chouan : Hou-ou-ou-houh !

Dans un englobement rapide, j'ai essayé de donner la sensation de ce que pouvaient être ces séances, où la gaminerie de la jeunesse se mêlait à un vif amour de l'art sous ses formes les plus diverses.

IX

Oh! l'argent! — Francisque [Sarcey et Jules Claretie. — *L'Étudiant* de F. Champsaur. — *Les Écoles.* — *Le Molière* de Georges Berry. — Un enterrement d'huissier. — *La Revue moderne et naturaliste* : Harry Alis et Guy Tomel. — Débuts variés. — *L'Hydropathe* : Paul Vivien. — Binettes et sonnets. — *Tout-Paris.* — Une soirée qui ne ressemble pas au supplice du pal.

Comme on achevait de dîner, au restaurant, sur le boulevard Montmartre, je demandais une voiture ; un très parisien camarade me dit alors :

— Où pouvez-vous aller si vite ?

— Présider les hydropathes, lui répondis-je.

— Ça vous rapporte donc ?

— Rien.

— Alors, conclut-il, c'est bête !

C'était bête, c'était naïf, c'était ainsi. Je

m'imaginais remplir une mission : faire pénétrer dans les cervelles des jeunes étudiants, destinés à devenir la haute bourgeoisie, des notions de poésie et d'art : leur dévoiler des livres inconnus d'eux, par le traitement de la diction publique ; forcer les jeunes poètes à entrer en lice, pareils à des troubadours des anciens temps, pareils et dissemblables en ce que les troubadours venaient frapper aux portes seigneuriales des châteaux féodaux, et qu'aujourd'hui c'est en s'adressant, sinon au suffrage universel, du moins au suffrage restreint des capacitaires bourgeois, rois de l'époque, qu'on peut se faire connaître et apprécier.

Cet apostolat bizarre était complet : dénué de toute jalousie littéraire, de tout parti pris d'école, essayant de laisser la place ouverte à tous les poètes, aux romantiques, aux parnassiens, aux brutalistes, modernistes, symbolistes, voire aux chansonniers gaulois, aux satiristes, et jusqu'aux mauvais poètes désireux de se lancer ; tous avaient le droit à la rampe, et le public seul devenait leur juge. Point une coterie, cela, ni lancement personnel, mais une sorte de théâtre de la poésie ouvert à tous, et en même temps un champ d'études pour les élèves du

Conservatoire (pends-toi, Bodinier, nous avions rêvé le théâtre d'application avant toi).

Programme désintéressé pécuniairement, et, — chose plus difficile — littérairement désintéressé. Recommencerions-nous aujourd'hui, je ne sais pas ; mais, en tout cas, ce qui fut fait alors partait, on l'accordera, d'un sentiment digne d'éloge.

Je dois dire qu'en face de cette critique en une ligne de mon boulevardier, nous eûmes le plaisir, les camarades et moi, de recevoir, en colonnes de journal, les louanges et les encouragements de la presse.

Francisque Sarcey écrivait dans le *XIXe Siècle* (déc. 1878).

Les jeunes gens qui se sont réunis pour fonder ce cercle (les hydropathes) sont pour la plupart des poètes en herbe, ou des élèves de l'École des Beaux-arts, ou des musiciens. Il n'y a guère que cinq ou six semaines que le club est fondé, et il compte déjà près de deux cents membres.
Il est confortablement installé rue Cujas... Là on dit des vers, on fait de la musique, on chante et l'on cause... Quelques jeunes artistes se sont déjà plu à venir à ces séances, qui sont aimables et gaies. Villain (de la Comédie-Française) y a fait des imitations fort drôles, dont tout le monde s'est pâmé. Coquelin Cadet y a dit quelques-unes de ces spirituelles saynètes qu'il

débite à ravir et qui ont tant de succès dans les salons et les concerts. Il est probable qu'une fois l'institution connue, d'autres artistes ne demanderont pas mieux que de se faire entendre, dans ce milieu très intelligent, tout ensemble et très sympathique.

Ces jeunes gens, au besoin, se pourraient suffire à eux-mêmes. Beaucoup sont poètes, je veux dire qu'ils font des vers. Il est tout naturel qu'on leur demande d'en lire... Ce nombreux auditoire vaudra mieux pour leur former le goût et les avertir de leurs défauts que ces petites chapelles soi-disant poétiques, où chacun passe Dieu à son tour, tandis qu'une demi-douzaine de thuriféraires lui donnent de l'encensoir par le nez, à charge de revanche. Ces étroites coteries gardent leurs fenêtres soigneusement fermées aux grands courants de l'opinion publique. Les initiés y respirent un air subtil et entêtant, où leur talent risque de s'étioler. Les raffinements précieux de ces ciseleurs de vers ne vont pas au grand public, et c'est pour cela que je ne suis pas fâché d'apprendre que nos jeunes poètes peuvent aujourd'hui lire, devant des auditoires nombreux, leurs productions nouvelles.

J'espère que beaucoup d'étudiants se feront agréger à ce club. Un jeune poète me faisait remarquer, non sans quelque amertume, que, parmi les étudiants en droit ou en médecine, il y en a, et des plus distingués, qui en sont encore, en fait de poésie, à la poésie classique, qui, depuis leur sortie de collège, n'ont rien lu que leurs livres de travail, ou, par-ci par-là, le roman du jour, et ne se doutent pas de la grande révolution que V. Hugo a faite dans le vers français, en ces trente dernières années.

N'y aurait-il pas quelque avantage à se joindre à

toute cette élite de jeunes artistes, dont quelques-uns s'empareront un jour de la célébrité, qui deviendront des écrivains ou des peintres ou des musiciens de premier ordre, comme ils se destinent eux-mêmes à marcher sur les traces des Allou ou des Velpeau.

Après tout, une soirée passée là, à causer d'art et de littérature, est au moins aussi agréable, et, à coup sûr, plus utile que ne le sont les heures perdues à remuer des dominos sur une table de café. Il me semble que, si j'avais vingt ans, je demanderais à entrer au club des hydropathes.

Parmi bien d'autres articles, bien d'autres encouragements, même sous forme de lettres, je cite encore — car il se faut borner — ces lignes d'une correspondance écrite à *l'Indépendance belge* (février 1879), par M. Jules Claretie :

...Et les *hydropathes*, qu'est-ce que cela? C'est une façon de club, une association littéraire de la rive gauche, qui semble croître chaque jour en nombre et en importance, et qui a déjà son journal, son moniteur officiel, l'*Hydropathe,* comme elle a son président, M. Émile Goudeau, un poète, l'auteur d'un vigoureux volume de vers qui s'appelle hardiment: *Fleurs du bitume.* M. Goudeau est un Périgourdin qui a su rendre avec énergie les nostalgies parisiennes ; il y a des muscles dans sa poésie. Le mercredi et le samedi, il préside donc, dans un rez-de-chaussée de la rue Cujas, cette réunion d'hydropathes, qui font de la musique, disent des vers, ou en écoutent; ils sont près de trois cents déjà, il y a trois mois, ils étaient trente. Coppée, Monselet, André Gill, Paul Arène, entrent parfois au cercle hydropathesque, et y récitent des sonnets ou des fragments de poèmes ou de fantaisies, prose et vers. Coquelin Cadet est le porte-voix de la plupart de ces nouveaux venus, il leur prête son flegme britannique, récite leurs bouffonneries, ou fait vivre leurs chimères. Les fantastiques saynètes de Charles Cros ont en lui un avocat applaudi; il est bien l'homme de ce comique bizarre, étourdissant, d'une folie intense... Il entraîne d'ailleurs chez les hydropathes plus d'un camarade de la Comédie-Française ; et, grâce à lui, cette réunion nouvelle, qui ne manque ni de poésie ni d'ardeur, connaît et applaudit le rire.

Ainsi, c'est peut-être de ce rez-de-chaussée de la rue Cujas que sortira une renaissance littéraire pour le vieux quartier Latin. Il n'y a plus d'étudiants, dit volontiers M. Duquesnel, quand on lui parle du public l'Odéon.

On voit qu'il se trompe. Qui sait ce que deviendra club des hydropathes, tout bouillant, plein de vaillance, avec ses admirations et ses haines violentes ? Je n'en sais rien, mais j'y vois un heureux symptôme.

Pour répondre à ce besoin d'activité qu'une réunion de trois cents jeunes gens faisait fermenter, bientôt des journaux et des revues se fondèrent, quelques-uns moururent

---

(1) Voir sur le journal *l'Hydropathe*, même chapitre, ci-après.

rapidement, d'autres résistèrent pendant des années. Il y eut *l'Étudiant*, de Félicien Champsaur ; *les Écoles* d'Harry Alis et Guy Tomel, qui vécurent peu ; puis *l'Hydropathe*, directeur : Paul Vivien ; rédacteur en chef : Émile Goudeau ; *le Molière* de Georges Berry ; *la Plume* de Jean de la Leude, *la Revue moderne*, par Harry Alis et Guy Tomel, qui eurent une assez longue carrière, surtout *la Revue moderne*.

C'est ici le lieu de parler de ces journaux et revues.

Félicien Champsaur était un des plus jeunes, sinon le plus jeune des hydropathes ; mais, remuant et audacieux comme pas un, sous un aspect timide qui le faisait parler en style de télégramme, ou en petit nègre. Cela ne l'empêchait pas d'écrire de forts jolis vers, et d'exprimer dans *la Lune rousse*, d'abord avec André Gill, ensuite dans *l'Étudiant*, qu'il venait de fonder, des idées justes, nettes, telles que celles dont M. Jules Claretie parlait dans l'article de *l'Indépendance* cité plus haut.

« ... Vive le tapage produit par le battement des cœurs de vingt ans! Dans une gazette du quartier Latin, qui prend pour titre *l'Étudiant*, un nouveau venu, plein d'ardeur, prosateur et poète, M. Félicien Champsaur, propose à tous les directeurs de théâtre de faire, aux *premières représentations*, un service à la jeunesse. Vingt places payées qu'on réserverait à ces étudiants. Peut-être communiqueraient-ils un peu de leur fièvre à ces premières toujours uniformes où se rencontrent éternellement le dessus et le dessous du panier parisien.

« Et ce projet, qui me sourit, ne date pas d'hier. Il fut exécuté à l'Odéon du temps de M. de la Rounat, etc. »

A cette époque, F. Champsaur hésitait un peu entre la politique et les lettres. Il fréquentait Laguerre et Pichon, les futurs députés, autant qu'André Gill, avec lequel il devait créer *les Hommes d'aujourd'hui* ; ce fut un des premiers adeptes du club, et *les hydropathes*, où il venait dire des sonnets d'un modernisme souvent exquis, et qui ont paru à *l'Événement* et ailleurs, avant d'être réunis en volume chez Lemerre.

Les Écoles, fondées par Harry Alis et Guy Tomel, vécurent peu ; mais les deux jeunes associés y apprirent le métier de directeur, cette expérience leur permit ensuite de faire durer quatre ans *la Revue moderne*, dont je parlerai plus loin.

La Plume, de Jean de la Leude, avait pour secrétaire l'hydropathe Edmond Deschaumes, dont les chroniques ont été depuis si remarquées au *Réveil*, à *l'Écho de Paris*, à *l'Événement*, au *Mot d'Ordre*, et, entre temps, au *Chat Noir-journal*. *La Plume* — titre bizarre — ne dura pas ; on appela bientôt ce recueil *la Revue artistique et littéraire*, et comme elle possédait une couverture émeraude, *la Revue Verte*.

Le Molière, de Georges Berry, actuellement conseiller municipal, eut une existence de peu de durée ; néanmoins, ce journal eut pour collaborateur Clairville, le célèbre Clairville (il était encore célèbre en ce temps-là). La mort de ce vaudevilliste fut l'occasion d'une bizarre aventure. Georges Berry et le directeur du *Molière* devaient aller à l'enterrement du maître ès flonflons. Ils partirent en retard, et se rendirent à l'église. Là, ils se dissimulèrent dans la foule. Le directeur du *Molière*, très ignorant de Paris, reconnaissait ou croyait reconnaître dans l'assemblée Victor Hugo, Renan, Émile Augier, Mme Anaïs Ségalas, Emmanuel Gonzalès et *tutti quanti* ; prudent et déjà politique, Georges Berry ne reconnaissait personne. La cérémonie étant terminée, les deux directeurs du *Molière* se jetèrent dans une des voitures de deuil, et atteignirent le Père-Lachaise. Là, graves et recueillis — Berry cherchant vainement une figure de connaissance parmi l'assemblée, tandis que son jeune co-directeur entrevoyait ici Madeleine Brohan ou Coquelin Cadet, plus loin Barbey d'Aurevilly ou Burani — là, graves et recueillis, ils se mirent au premier rang, pour écouter, sur la tombe de Clairville, le discours de circonstance, l'oraison funèbre. Un homme s'avança sur le talus, un homme grisonnant.

— C'est Émile Augier, murmura le co-directeur.

— Chut! fit Georges Berry, qui continuait à ne reconnaître personne.

Le monsieur grisonnant commença :

— L'homme, que nous pleurons tous, fut un modèle dans une profession, hélas! trop dénigrée. Il avait à la fois la dignité et le style de cet emploi, si nécessaire à la sécurité des transactions...

— Où sommes-nous? pensait Berry.

« ... des transactions, dont l'honnêteté devrait être la règle, mais qui si souvent sont en proie à des contractants infidèles. Nous subissons le discrédit!... Mais, messieurs, ceux qui nous discréditent, sont ceux-là précisément qui ne devraient avoir aucun crédit... Ah ! Messieurs ! devant cette tombe si prématurément ouverte, je voudrais pouvoir dire ce qu'est la vie honnête, probe, acharnée, des hommes qui représentent la Porte de la Justice ; car le papier timbré n'est autre que le glaive de la Loi moderne, et, comme l'indique notre titre, nous gardons l'Huis sacré du temple du Droit. Dire du mal des huissiers...

— Oh ! dit Georges Berry, fuyons.

— Mais pourquoi, répartit le co-directeur, il parle très bien, Émile Augier.

— Allons ! allons ! fit Berry.

Et ils décampèrent. Ils s'étaient trompés de chapelle, et avaient suivi l'enterrement d'un huissier.

J'étais alors rédacteur du *Molière ;* mais je n'allai pas à l'enterrement de Clairville.

Je fus aussi — oh ! un court instant — secrétaire de *la Revue moderne et naturaliste.* Elle s'appela *moderne* dès l'abord, puis *naturaliste*, afin de complaire à Harry Alis, qui en tenait pour l'école zolaïque et obligatoire — obligatoire à cette époque-là ! ô temps enfui !

Ce fut pour les hydropathes, simples diseurs

de vers, une occasion de débuter sous la forme typographique, à côté de ceux qui déjà s'étaient fait imprimer et applaudir. Je trouve parmi les noms acclamés ou connus, arrivés ou tout au moins dévirginisés par la publicité : Paul Bourget et Maupassant. Des vers de Bourget et aussi une étude de Renan.

De son ermitage de la rue Guy-de-la-Brosse, le doux poète, l'analyste délicat qui devait devenir le profond psychologue du roman, sortait parfois pour venir aux hydropathes, et il nous donnait quelques vers. Je cite au hasard :

SONNET

S'il est un instrument qui déshonore l'âme,
C'est d'aimer une femme indigne, et de saisir,
A l'heure extasiée et tendre du plaisir,
Dans sa voix, un écho de son métier infâme.

Ces mots entrecoupés de ces soupirs de flamme,
Elle les a soufflés froidement, à loisir,
Pour exciter leurs sens et fouetter leurs désirs,
A l'oreille de ceux qui paient pour qu'on se pâme.

Et puis, ils ont étreint tout nu ce corps si beau,
Ils ont baisé sa bouche, ils ont baisé sa peau,
Leurs mains ont caressé sa chair abandonnée...

Ah ! que n'est-il une eau lustrale, un vin puissant,
O femme, pour guérir l'âme passionnée,
Ou pour te rajeunir et te laver le sang.

Guy de Maupassant, qui, tout en fréquentant aux soirées de Médan, n'avait pas donné ce chef-d'œuvre *Boule-de-Suif,* cherchait encore sa voie dans la poésie ; l'une de ses pièces, intitulée *la Fille,* faillit faire passer *la Revue* sous le knout de la justice.

Dans le même numéro, J.-K. Huyssmans donnait une étude courte intitulée *Symphonies parisiennes.* Mais là débutèrent, si je ne m'abuse, Paul Alexis — le futur Trublot du *Cri du Peuple* — avec *les Femmes de M. Lefèvre;* Edmond Deschaumes, avec une nouvelle *un Nihiliste français ;* Guillaumel, c'est-à-dire Guillaume Livet (*Mirliton* du *Gil-Blas* et de *l'Événement*), *la Fabrication d'un roman ;* Paul Lordon (*le Diablotin* de *l'Écho de Paris*) avec des critiques dramatiques; Dubut de Laforet avec une nouvelle, *Dans les champs ;* Maurice Guillemot, Detouche et Fragerolle (critique par hasard, musicien de profession) et mon pauvre cher frère Léo Goudeau, lui aussi musicien, devenu écrivain sous le pseudonyme de Léo Montancey (il est mort à la peine); et Vast-

Ricouard, et les chefs de la prose, Harry Alis, Guy Tomel et Champsaur. Pour la poésie, je vois des disparus, comme Jules Aubry — grave professeur de droit, en province aujourd'hui — avec *les Moulins de pierre*, dont je veux citer les premières strophes :

> Vous êtes les géants superbes de la plaine,
> O vieux moulins à vent sur le sol accoudés,
> Et, dans les champs baignés de lumière sereine,
> J'aime à voir se dresser vos profils dénudés.
>
> J'aime vos toits en cône et vos murailles grises,
> Et le vol des oiseaux qui vient raser vos flancs,
> Et vos ailes de toile où palpitent les brises,
> Et vos meuniers pareils à des fantômes blancs.
>
> Mon œil se plaît souvent, ô mes bonnes tourelles,
> A voir dans l'air sonore et rempli de frissons,
> S'ébranler lentement vos gigantesques ailes,
> Quand le vent qui se lève incline les moissons.
>
> Vous êtes les joyeux travailleurs que la brise
> Anime incessamment à grands coups d'éventail,
> Et vous m'égayez l'âme, ô clochers sans église,
> Où sonne tout le jour la messe du travail...
>
> . . . .

J'aurais voulu citer aussi les premiers vers de Théodore Massiac (1) qui, aujourd'hui, écrit

---

(1) Massiac imagina, d'après un usage très ancien, de mettre des minuscules en tête des vers.

les avant-propos dramatiques au *Gil-Blas*) et les débuts de Trézenick, auteur des *Gouailleuses;* de Lemouël (poète des *Feuilles au vent,* et dessinateur du *Chat noir*) et de Gustave Vautrey (qui fit jouer en collaboration avec Livet un acte à l'Odéon), et de Clovis Hugues, le farouche tribun, tous placèrent en bel ordre leurs vers sous le pavillon hydropathique que tenait haut et ferme *la Revue moderne et naturaliste.* Eh quoi? je vois là poindre l'oreille d'un décadent — oh! non, pas décadent ni déliquescent, il m'en voudrait trop — d'un symboliste, Gustave Kahn.

C'est un poème en prose qui commence ainsi :

« Absinthe, mère des bonheurs, ô liqueur infinie, tu miroites en mon verre comme les yeux verts et pâles de la maîtresse que jadis j'aimais. Absinthe, mère des bonheurs, comme Elle, tu laisses dans le corps un souvenir de lointaines douleurs ; absinthe, mère des rages folles et des ivresses titubantes, où l'on peut, sans se croire un fou, se dire aimé de sa maîtresse. Absinthe, ton parfum me berce...

Cela se termine de la sorte :

« Le caboulot est large, carré, et, sur les tonneaux aux ventres ronds, le gaz allume des étincelles, et sur les tables de bois, jacassent et fument des pipes des gens pauvres et mal mis, enlaidis des lueurs du gaz...

« ... Et là viennent des collégiens, pour fumer en contrebande la pipe qu'ils déposeront, là-bas, près d'un mur. Ils s'en vont, les collégiens, l'estomac tout barbouillé, mais si fiers d'avoir accroché à leurs dents le brûle-gueule qu'ils iront déposer là-bas près d'un mur.

« Le caboulot est carré, long, plein de lumière et de fumée. »

Maurice Rollinat donnait aussi très souvent à *la Revue* les pièces dites aux hydropathes, et, pour mon compte, vers ou prose, j'y versai soit sous mon nom, soit sous le pseudonyme de Diégo Malevue, ou de Dr Servet, la valeur d'un fort volume in-octavo.

La Revue moderne et naturaliste, sise d'abord au cinquième étage, rue Blanche, vint se loger rue Monsieur-le-Prince au rez-de-chaussée, d'où elle partit vers la rue Grange-Batelière, où, à l'âge de deux ans et quelques mois, elle expira, munie des sacrements hydropathiques, et pleurée par tous ceux qui la connurent.

Ce fut certes le plus sérieux effort de la Société pour se condenser; mais ce qui faisait la force des hydropathes, en tant que réunion fort nombreuse, c'était l'absence de doctrines uniques et imposées, le personnalisme des adhérents, leur indépendance. Pour une *Revue*, au contraire, il semble nécessaire que l'on parte d'une doctrine absolue, que l'on impose ou que l'on fait accepter aux lecteurs. Car le lecteur est dérouté dans son esthétique, tandis que le spectateur accepte tout. Il y a entre l'abonné et le spectateur qui passe, la même différence qu'entre un amateur de tableaux qui veut composer une galerie, et celui qui va au Salon ou aux musées, se laissant aller à ses impressions mobiles.

D'ailleurs, trop de juvénile audace dans une *Revue* détonne, depuis que ce terme de *Revue* est devenu synonyme de jansénisme outrancier. Une *Revue* doit avoir des jupes amples, et doit se passer de cuisses.

Le journal *l'Hydropathe*, lui, ne fut pas sérieux, peut-être pas assez, et quelquefois versa dans le pur *tintamarre*. A quoi donc pensait le rédacteur en chef? hélas! il n'avait qu'une autorité médiocre sur le terrible créole Paul Vivien, qui en était le directeur, le bailleur de fonds, l'impresario, le factotum, la vie en un mot, ni sur le subtil Georges Lorin, qui, sous le pseudonyme de Cabriol, était le dessinateur attitré des personnages hydropathiques, et choisissait ses héros à sa guise, et — chose dure à avouer — ce rédacteur en chef n'avait peut-être pas assez d'autorité sur *lui-même*, se laissant aller au gré des fantaisies burlesques, oubliant parfois, trop souvent, les intérêts sacrés de l'Art qui m'étaient confiés. Pas pontife pour un sou, ce farouche président... Gendarme aux séances, afin de faire respecter les personnes, et d'imposer le silence aux indisciplinés; mais, en dehors de la chaire curule, bayant aux corneilles pour son compte, et, jetant même — hélas! hélas! hélas! — sa démission de fonctionnaire au nez du ministre des finances, qui demeura impassible (n'est-ce pas, Léon Say?), tant ce bureaucrate-poète croyait à l'avenir.

L'Hydropathe-journal publiait donc chaque... chaque quoi, au fait?... chaque fois qu'il paraissait, la charge d'un hydropathe, choisi entre cinq cents par l'éclectisme de Cabriol, poète et dessinateur.

Il y eut celle du président naturellement : puis André Gill, Félicien Champsaur, Coquelin cadet, Charles Cros,... Sarah Bernhardt (oui Sarah! Sarah était hydropathe), Charles Lomon, Maurice Rollinat, Vacquerie, Luigi Loir, Mélandri, Frémine, Charles Leroy, Grenet-Daucourt, Moynet, Guy Tomel, Villain, Gustave Rivet, Alphonse Allais, Galipaux, Sapeck,

Bastien-Lepage, Fernand Icres, Emile Cohl, etc.

On aurait pu laisser à la postérité bien d'autres médaillons : Paul Arène, Coppée, Bourget, Clovis Hugues, Paul Marrot, Paul Mounet, Harry Alis, Lebargy, et plusieurs encore; mais le journal, malgré son intermittence, ne vécut qu'un an et demi, c'était un laps de temps réellement insuffisant pour construire un Panthéon.

Afin de réparer autant que faire se peut avec une plume, cette omission du burin, je trace des silhouettes télégraphiques : Paul Arène est de moyenne taille, sec comme un sarment, et vif comme un diable, barbe en pointe, les yeux doux et la lèvre railleuse; Coppée, Bonaparte (c'est le cliché) rêveur dans la solitude, gai dans Paris; pas de barbe; Paul Bourget, grand, très doux, moustache blonde; Clovis Hugues, petit, chevelu, barbu, figure ayant éprouvé quelque tremblement volcanique; Paul Marrot, petit, noir de la barbe et du cheveu, un Sarrazin, obligé de fuir Charles Martel, et oublié à Poitiers par quelque Maugrabin; Paul Mounet, autre Sarrasin, mais grand, fort comme un Turc (naturellement); Harry Alis, genre anglais, long, froid, barbe lisse et châtaine ; Lebargy (allez voir aux Français)... On pourrait longtemps continuer, de la sorte ; vous ne seriez guère plus avancés.

Dans les numéros de *l'Hydropathe*, à la suite de la charge, où tous sont peints couleur brique, à l'instar de figures étrusques, je cueille quelques sonnets-silhouettes, les uns de Jouy, plusieurs de Cabriol, les autres de celui-ci ou de cet autre.

Voici ce qui fut alloué au président dans le numéro un. On ne dira pas que les hydropathes furent une société d'encensoir mutuel. Avec quel irrespect Grenet-Daucourt traite son supérieur :

> Sa barbe est noire, noire, et son front haut, austère,
> Son nez est ordinaire, et son œil est hagard ;
> Il a l'esprit alerte et prompt comme un pétard,
> L'hydropathe le craint, mais se tait et vénère.
>
> Il est bavard comme un portier de monastère,
> Mais n'aime pas le bruit des autres ; et sait l'art
> D'apaiser la tempête avec un bolivar
> Dont il couvre à propos son crâne âpre et sévère.
>
> Il tient un peu de l'ours et du bâton noueux :
> « Oh ! c'est qu'un imbécile et moi ! cela fait deux ! »
> Dit-il, et, devant lui, l'hydropathe frissonne.

Il fait des vers qui sont beaux, si beaux que personne
Ne comprend. Il est dur, mais noble, zinc et beau.
Sur nos lèvres son nom vole... hein ? oui... c'est
[Goudeau.

Dans ce même numéro un, je cueille ce sonnet-programme de Jules Jouy.

Quitte le restaurant discret, où vous soupâtes,
Niniche et toi, bourgeois vide et prétentieux ;
Profitant du lorgnon que le vin sur tes yeux
Pose, viens avec moi t'asseoir aux hydropathes.

Pourtant avant d'entrer, un mot : — que tu t'épates
Ou non, garde-toi bien des mots sentencieux
Devant ce défilé de profils curieux ;
L'endroit est sans façon, on n'y fait point d'épates.

Certes ne t'attends pas à trouver un goût d'eau
Au parlement criard que préside Goudeau ;
Laisse à ton nez poilu monter l'encens des pipes ;

Et — moins sot que Louis, aux canons bien égaux,
Foudroyant les Téniers et leurs drôles de types —
Du Cercle Hydropathesque admire les magots.

Dans le numéro 4, on vit la face souriante de Coquelin cadet ; un sonnet de Cabriol (G. Lorin).

Coquelinin, coquelinant,
Bon Coquelin de joyeux rire,

L'Hydropathe — que tu dois lire —
T'envoie un joli compliment.

Bon petit cadet, caquetant
Les contes que Cros sait écrire,
Et que Coquelin seul sait dire ;
Bon cadet que nous aimons tant.

Salut, tout neuf sociétaire !
Mais pour nous ne vas pas te taire
Pour vivre il nous faut ton crincrin.

Pirouette (1) de la parole
Ne rends pas sérieux ton rôle...
Les Français... mourraient de chagrin.

Dans le numéro 14, celui de Charles Frémine, un beau sonnet de Rollinat.

Toi, tu vis dans l'azur, et moi dans les abîmes,
Et, tandis que mes vers pleins de brume et de fiel
Ont des parfums de mort, de débauche et de crime,
Les tiens ont la saveur de lait frais et de miel.

Moi, j'enchâsse l'horreur en d'infernales rimes,
Et j'enfonce en mon cœur un morbide scalpel ;
Toi, tu chantes l'amour, et, le beau, tu l'exprimes :
Satan ne t'a jamais fait de nocturne appel.

Et pourtant mon esprit vers ton âme se penche,
Et mon spleen ténébreux, lorsqu'en toi je m'épanche,
Au bras de ta gaîté pour un instant s'endort.

---

(1) Pirouette est, comme on sait, le pseudonyme littéraire de Cadet.

C'est que toi, radieux, et moi, criblé d'alarmes,
Nous nous chauffons tous deux à l'Art, ce soleil d'or
Qui jette ses rayons aux hideurs comme aux charmes.

Et dans le numéro 16, ce sonnet de Cabriol à Grenet-Dancourt (tant pis pour toi, Grenet, je te rends la pareille).

> Je ne sais pas si sa maîtresse,
> Chaque soir lui fait une scène
> Pour son profil. Mais, s'il s'adresse
> Aux directeurs... adieu la scène (1).
>
> Trop laid pour trouver un Mécène
> A guider son art qui s'empresse,
> Il peut se jeter à la Seine.
> Pour plaire il faudra qu'il renaisse.
>
> De près, cependant, la prunelle
> Est veloutée et presque belle ;
> Et puis enfin, pour nous séduire,
>
> — Dans un calembour qui condense
> L'homme — pour l'esprit, on peut dire
> Qu'il est un *Grenet d'abondance.*

Dans ce numéro 16, on annonçait avec fracas et bonheur le premier prix de comédie remporté par l'hydropathe Lebargy. Et Cabriol, sous les

---

(1) Depuis, ce fâcheux pronostic a été démenti onze mille fois par *Trois femmes pour un mari.*

divers pseudonymes de Balthazar ou de Rirenbois, Georges Lorin enfin, demandait la décoration de la Légion d'honneur pour... Sarah Bernhardt.

Dans le numéro 20, la charge d'Émile Taboureux (qui signa quelque temps *Mahori* au *Figaro*) accompagnée d'un sonnet amusant de Cabriol.

> C'est le sapeur du régiment
> De la lyre... subséquemment !
> Et son sourire à tout moment,
> Prouve qu'il n'a pas de tourment.
>
> Ce sourire, c'est sa moustache
> En crocs qui dans les coins l'attache.
> Il a z'une plume pour hache,
> Et, de temps en temps... un panache.
>
> Sa gaité, de la prose aux vers,
> Flirte... le bonnet de travers,
> Sympathique pour tout le monde.
>
> C'est pourquoi l'on chante à la ronde,
> En trinquant : « Qu'ils sont donc heureux,
> Les ceuss-là qui sont Taboureux ! »

Taboureux est resté le véritable fidèle du quartier Latin. C'est une vocation d'éternelle jeunesse.

Dans ce même numéro, et par contraste,

pour montrer que souvent l'on mêlait les pleurs au rire, en ce *parlement criard* des hydropathes, se trouvent les vers que Charles Cros intitule :

A DES AMANTS

Aimez-vous, soyez beaux, puisque vous le pouvez,
    Malgré les haines,
Oubliez, entre deux baisers, les réprouvés,
    Les morts prochaines.
Courez les bois, mangez les mûres, et cueillez
    Les fleurs discrètes
Sous l'herbe ; ornez de leurs pétales effeuillés
    Vos belles têtes.
Ou bien, allez dans les théâtres, sous le gaz,
    Aux bonnes places.
Sans écouter le drame : « Hélas ! ma mère, hélas ! »
    Prendre des glaces.
Etonnez, indignez, tout le monde pervers,
    Que vous importe ?
Puisque le vent, tandis que je vous fais ces vers,
    Vous les apporte.
Toi, mon cher, aime-la, regarde-la, répands
    Sur mille toiles
Son portrait, en des tons pris des peaux de serpents
    Et des étoiles.
Et vous, que je revois, quand je ferme les yeux,
    Vivez heureuse,
Sans vous inquiéter du tombeau pluvieux
    Que je me creuse.

Sous l'ironie discrète de ces vers, le grave et doux poète chante l'amour perdu, envoie un conseil à son rival heureux, et une larme discrète à Celle qui l'oublie, comme plus tard, quelques ans plus tard, en larges strophes d'une émotion contenue, il dira la mort de la trop aimée.

C'est de l'impressionnisme douloureux, et Charles Cros a dû rudement servir de maître aux néophytes du symbolisme.

Dans le numéro 18, voici Georges Moynet qui ressemble physiquement, trait pour trait, à Émile Zola, en plus jeune. L'impassibilité, et la bonhomie de ce narrateur rondelet eurent un succès fou, que constate le sonnet de Grenet-Dancourt :

> Il se rit que l'on confonde
> Avec un fût de cognac,
> Ou bien un pot à tabac,
> Sa personne rubiconde.
>
> Sans pareille est sa faconde ;
> Du plaisir joyeux cornac,
> Il vide gaîment son sac
> A malices sur le monde.
>
> Bien assez chantent la mort
> Et les cruautés du sort ;
> Lui, fait craquer les corsages,

Et dilate les visages.
— « Chacun, dit-il, reconnaît
« Que le rire avec moi naît. »

Dans le numéro 22, c'est Guy Tomel, le professeur si bizarremment rencontré par moi chez la volage Nini-Thomar; c'est le fondateur de *la Revue moderne*, un hydropathe acharné, qu'une maladie de poitrine força de quitter Paris pour aller vendre en Algérie des dattes, des oranges et du vin (oh! en gros), ainsi salué par Cabriol :

BON VOYAGE A GUY TOMEL

Tu t'en vas et tu nous quittes,
La bronchite entre les bras ;
Mais fort, tu nous reviendras !
Pour la peur nous serons quittes.

Pour que mieux tu t'en acquittes,
Au pays des Saharas
Va !... Tu me rapporteras
Une rime riche en *quittes*

Hydropathesque saint Jean,
Parle de nous à la gent
Lionne, mais arriérée ;

Et puissent tes beaux discours,
Dans l'algérique contrée,
Faire accepter *nos vieux ours*.

Il le fit, en effet, avec zèle, jetant nos noms

aux colons, dans des conférences. Il fit mieux et offrit un asile à Léo Goudeau-Montancey, lorsque, épuisé par la maladie, le pauvre musicien alla demander à l'Algérie un peu de lumière et de chaleur, avant de mourir. L'Auvergnat Guy Tomel, sous un aspect ironique, est le meilleur cœur que nous ayions connu, et il faut saisir l'occasion de le lui dire.

Je ne voudrais point avoir l'air de débiter un palmarès, aussi je me hâte : voici Eugène Lemouël, l'auteur de *Feuilles au vent*, puis Villain, le *grand* Villain adorné d'un rondeau d'André Gill :

RONDEAU

C'était vilain ? Non pas, mais c'était insolite,
Et, du fond du brouillard, ça venait carrément
Sur moi. Je me disais en me frottant l'orbite :
« Eh ! mais c'est l'obélisque indubitablement,
« Qui vient de découcher — farceur de monument ! —
« Et dès l'aube retourne au socle qu'il habite. »
Or, comme devant lui je m'effaçais très vite,
L'objet hors de la brume émergea brusquement...
       C'était Villain !

Il avait découché, parbleu ! le sybarite ;
J'avais donc, sur un point, préjugé sagement,
Et je réclame ici tout l'honneur que mérite
Une observation précise ; seulement,
Ce n'était ni clocher, ni pic, ni monolithe...
       C'était Villain !

Dans ce numéro 24, on annonçait la mort prématurée d'un jeune poète, Victor Zay, qui donnait plus que des espérances. Hélas ! ce fut le premier d'entre les nôtres qui disparut....

Passons, passons vite : ce palmarès risquerait de se changer en recueil nécrologique. Adieu, pauvre petit Victor Zay, toi qui étais si fier de porter un ruban de velours noir, large de quinze centimètres, à ton chapeau. C'était un crêpe qu'il eût fallu. Passons, passons vite !

C'est Gustave Rivet, le poète, l'auteur d'un drame, *le Châtiment*, joué avec succès à Cluny, le député Rivet, le sous-secrétaire d'État, etc., etc.

Puis Alphonse Allais, que les *fumistes* reconnaissent pour véritable chef, depuis l'exil volontaire de Sapeck, et qui est rédacteur en chef du *Chat-Noir Journal*.

Galipaux, pas plus haut qu'ça et qui est devenu étoile à *la Renaissance*, tout en écrivant des volumes si drôles, tels que *Galipètes* et la *Tournée*.

Voici Sapeck, avec biographie d'Alphonse Allais : Sapeck venait d'être le héros d'une bizarre aventure. Il avait eu l'idée singulière de se teindre les cheveux en rouge, non point d'un tout modeste rouge, mais d'un rouge de sang et feu ; il s'était fait faire un gilet jaune, des culottes courtes, et, coiffé d'une toque écossaise, il se promenait au jardin du Luxembourg. Son apparition excita un tel enthousiasme, un si énorme délire de la foule, que les gardiens le saisirent, malgré sa résistance, et le transmirent aux gendarmes qui gardaient le palais, lesquels le confièrent aux sergents de ville du trottoir, finalement ceux-ci l'emmenèrent au poste.

Nous allâmes quelques heures après pour le réclamer ; or, il ne pouvait pas sortir, parce qu'il avait appartenu : 1° au ministère de l'Intérieur, entre les mains des gardiens du Luxembourg, d'où un rapport au ministère ; 2° à la place de Paris, au moment où les gendarmes s'étaient emparés de lui ; 3° à la préfecture de Police, et 4°, à la suite d'un rapport, au parquet de la Seine. Il y avait conflit entre ces divers pouvoirs. Il fallut douze heures pour les mettre d'accord. Étrange, n'est ce pas ? Mais bien administratif.

Voici le dessinateur Émile Cohl, l'exécuteur testamentaire du pauvre André Gill, auquel il a consacré un volume (chez l'éditeur Vanier).

Maurice Petit, sous-organiste à l'église des

Invalides; et qui fut un instant président des *Hirsutes*, cette société née des cendres hydropathesques.

Bastien-Lepage, le glorieux peintre, mort en pleine efflorescence.

Enfin, Fernand Icres, l'auteur du *Mitron*, des *Fauves*, qui d'abord fit dire ses vers par Lebargy ; puis se hasarda lui-même, malgré le plus terrible accent pyrénéen que jamais oreilles humaines aient ouï, surtout lorsqu'il déclamait la pièce intitulée *l'Ancienne*, commençant ainsi :

> Deux ans d'amour mièvre et mignarde
> N'ont point chassé la montagnarde
> Des souvenirs de mon passé ;
> Et je vieillis, sans que je puisse
> Oublier son flanc et sa cuisse
> S'étalant au bord du fossé.

Supposez un Marseillais, matiné d'Espagnol, et saupoudré d'auvergnatisme, disant ces vers : *Deux angn... n'ont poingn... oublier son flangue... S'étalangnt*. C'était terrible. Puis cette loi bizarre, imposée par on ne sait qui, forçant le Méridional pur à prononcer *fiaule* pour *fiole* et *drale* pour *drôle*, une *saule frite* et un *sole pleureur !!* Ne semble-t-il pas qu'il existe là-bas, chez nous, un conservatoire spécial

pour déformer les sons ? On le croirait. Eh bien !
cet accent bizarre, étant donnée la nature des
poèmes d'Icres, contribuait positivement à son
succès, au grand ébahissement du délicat
Lebargy.

Dans ce numéro dernier, je cueille ce quatrain
fantaisiste inscrit sur l'album du phare de
Fatouville (près Honfleur) par Georges Lorin
(Cabriol).

> Comme il est des femmes gentilles,
> Il est des calembours amers !
> Le fard enlumine les filles,
> Le phare illumine les mers.

Le journal *l'Hydropathe*, qui porta le titre
de *Tout-Paris* en ses trois derniers numéros,
décéda — lui aussi ! — au mois de juin 1880,
dans une imprimerie de Sceaux, tandis que
l'air embaumé de la senteur des lilas invitait à
vivre. Hélas !

Mais ce ne fut point la faute de son fondateur.
Paul Vivien. Non. Il dépensait son temps et
son argent à soutenir cette feuille illustrée.
Malheureusement l'ambition de faire grand
nous perdit. Un jeune homme qui portait hardiment le pseudonyme de Joinville (excellent

nom de directeur de chroniques, à la condition d'avoir toujours avec soi *Cinq Louis*) ayant fait un héritage, déclara vouloir agrandir, restaurer, transformer, ennoblir *l'Hydropathe-Journal*, en le transportant sur la rive droite en un local, 40, rue Richelieu, au quatrième, avec un nom nouveau : *Tout-Paris*, etc., etc. Espoir, rêve, illusions !

Joinville jouait au baccarat encore plus qu'au Mécène. Ce fut notre perte.

L'ouverture du local s'était du reste accomplie sous de fâcheux auspices. Je narre l'histoire telle quelle :

Joinville et son fidèle Achate, Gabriel R....., avaient lancé une série d'invitations dans le monde des lettres et des arts : *Tout-Paris* devait être là. Il fallait même aller quérir certains artistes en voiture. Je fus chargé de Tolbecque et de son violoncelle. Vers neuf heures, le musicien et moi, nous descendions devant la porte cochère. Le concierge se chargea de l'intrument ; nous nous mîmes à gravir, rapides, l'escalier du *Tout-Paris*. Au quatrième ! horrible ! La clef sur la porte, à l'intérieur personne, pas un lampion... la solitude !... et la nuit !... Qu'est-ce à dire ? Je redescends, palpitant, demander une bougie à la concierge. Je fais le jour, un jour vague, promenant sur les meubles, le long des tentures, avec mon maigre luminaire, d'énormes ombres fuyantes, armées de fantômes noirs, seuls habitants de ce logis. Tolbecque s'assied, impassible.

Des pas dans l'escalier. Voici l'acteur Montbars, Coquelin cadet, Daubray... Leur étonnement se joint au nôtre, comme un coefficient, et le change en ahurissement. Encore des pas dans l'escalier. Voici des journalistes, des poètes, des chanteurs. Nous sommes vingt autour de l'unique bougie plantée sur un candélabre à cinq branches. La plaisanterie paraît forte; mais on rit. Quelqu'un déniche dans une salle un panier de champagne. On trouve des verres. Sur une table, nous posons le candélabre et nous buvons. Et toujours des pas dans l'escalier... Quarante personnes maintenant. Vivien, triste d'abord, se tord de rire ensuite.

Un pas rapide... Ah! je saisis Gabriel R... dans l'antichambre. Quoi qu'y a-t-il?

— ...Passé au jeu la journée! oublié l'heure! Perdu! regagné! reperdu! tout perdu!

— Tout? Oh!

— Joinville ne peut toucher somme que demain.

— Où est-il ?

—Il cherche... cherche... cherche... argent... victuailles... boissons... luminaire...

— Où ?

— Chez sa maîtresse... écuyère... Cirque... d'Été... Mazeppa !...

Un pas, deux pas, dans l'escalier, des pas lourds. Est-ce Blucher encore, ou Grouchy ?... C'était Grouchy. Sauvés !

Mazeppa, Joinville, des domestiques, des bourriches, des homards, des bouteilles, et... oui, des bougies !... un groom du cirque allume. Illumination ! enfin !

La soirée fut charmante. Des vers et des chansons, du piano et du violoncelle, du rire et un souper improvisé.

Vers une heure du matin, au sortir de ce festin-concert, qui, à l'inverse du pal, avait si mal commencé pour finir si bien, un groupe s'obstinant à discuter sur Sarah Bernhardt, cassa la glace du café du Théâtre-Français.

Le poste n'était pas loin. Heureusement la rédaction du *Tout-Paris* possédait un créole, une manière de nègre, bien mis, qui était chargé de rester au violon pour les autres. On alla le chercher le lendemain, et... Joinville ayant touché, on paya la casse... Mazeppa aussi fut remboursée, heureusement mon Dieu!

Cela n'empêcha pas le journal de succomber peu après sous le poids des abatages, des tirages à cinq et des bûches.

X

Le journal *le Globe*.— *La Revanche des Bêtes*. — *Le Figaro*. — La Société protectrice des animaux. — Les conférences. — Le phalanstère. — Les imprécations de Camille. — Le duel à *l'iodure de liquidium*. — Fête à Bois-Colombes. — La rencontre de *Rodolphe* Salis.

Eh bien! me croira qui voudra, ni les séances hydropathiques, ni les journaux, ni les revues, malgré les satisfactions énormes d'amour-propre qu'elles fournissaient à mon cerveau naïvement extasié de Méridional parisianisé, ne nourrissaient mon estomac, hélas! habitué aux quatre repas du collège.

Ayant eu le tort de jeter ma démission au nez du ministre (en résumé, pour être franc, je m'étais platement fait mettre en disponibilité), je devais lutter contre les éléments et les nécessités : pluie ou faim, froid ou soif, comme un sauvage.

Pendant un temps, mon frère Léo Goudeau, récemment sorti de Saint-Cyr et qui tenait garnison à la caserne du Château-d'Eau, put m'aider dans cette entreprise. Mais, devenu subitement amoureux d'une Polonaise, grande musicienne, lui qui était déjà féru de musique, crut devoir démissionner.— Serait-ce une maladie de famille ? — Ce fut sur le nez du ministre de la guerre que cette démission tomba. J'en fus marri ; car, si les revues et les journaux hydropathiques ne nourrissaient pas leur homme, fût-il président, la musique ne me semblait pas devoir être une vache à lait... Et de fait elle ne le fut point.

Très heureusement, par l'entremise de Paul Bourget, j'entrai au *Globe*, où je fus chargé de dépouiller les journaux de province.

Ce fut alors que je pus de nouveau travailler. Je redevins l'heureux président. Tout semblait réussir à la fois. *Le Figaro* insérait *la Revanche des Bêtes*. Je faisais à la salle des Capucines une série de conférences, et *la Revanche* était — ô prodige ! — couronnée par la Société protectrice des animaux : médaille d'argent. Les hydropathes avaient donné une séance à la salle Pierre Petit; que dis-je ? à la suite d'une conférence faite sur eux aux Capucines, les terribles hydropathes parcoururent le boulevard, en poussant des chansons extravagantes devant les passants ahuris et ne s'arrêtèrent qu'en un café du faubourg Montmartre, où un limonadier, récemment installé, leur offrait un énorme punch. Quoi encore ? Sollicité par la Société protectrice des animaux, je vins, en plein jour, acteur improvisé, réciter cette *Revanche* devant les quatre mille *protecteurs*, installés sur les gradins du Cirque d'hiver. La manie des grandeurs me reprenait, je ne donnai point ma démission au *Globe ;* mais j'envoyai mon frère à ma place. Il sut très bien s'y faire un trou : de militaire, devenu musicien, il s'improvisa journaliste, bien plus vite que ne l'eût fait un poète. Sous le pseudonyme de Léo Montancey, il entra ensuite au *Figaro*, et de là au *Triboulet* quotidien.

Or, tandis que ces succès prosaïques sauvaient une partie de la famille, les succès poétiques, de pure vanité, m'avaient remis sur le pavé sonore, et de nouveau j'écoutais les vagues chansons du bitume.

C'est alors que je rencontrai le blanquiste B.....l. Ce blanquiste avait toujours eu l'arrière-pensée de fonder un phalanstère. Il s'ouvrit à moi, j'approuvai hautement ce projet : l'association, il n'y a que cela. Deux pauvres sont plus forts en s'unissant, et une dizaine de pauvres sont énormes et influents. Tel était notre raisonnement. Nous étions déjà deux pannés, nous n'eûmes pas à aller bien loin pour en découvrir huit autres, dont une femme, Marylka la Polonaise. Dans un phalanstère, une femme est indispensable : la cuisine et le ravaudage. Le bon blanquiste B.....l était locataire d'un sixième, rue Catherine-d'Enfer (elle doit s'appeler autrement aujourd'hui, peu importe). A part le jeune étudiant Br... qu'on surnommait le *Pacha*, parce que son père était ingénieur à Constantinople, à part ce *pacha*, qui voulut absolument être adjoint-cuisinier, afin d'aider Marylka dans l'épluchage des légumes, on tira les autres fonctions domestiques au sort. Le destin me désigna comme laveur de vaisselle. Je ne me sentais, je l'avoue, aucune vocation ; mais je dus obéir. Le premier jour, je mis un certain zèle ; puis je me relâchai, on constata avec amertume que les assiettes, les plats, les fourchettes — sauf ceux et celles que je me réservais — ne brillaient pas absolument. Mon égoïsme froid fut sévèrement jugé, et je fus privé de légumes. Je me moquais des légumes à cette époque. Ensuite on me priva de tout, hormis le pain. Je me résignai plus difficilement. Alors j'imaginai un stratagème. Feignant une faiblesse, bien naturelle dans un phalanstérien si mal nourri, et une maladresse d'anémique, je brisai trois ou quatre assiettes en les lavant, et cassai quelques verres. Ce fut fini ; on me chassa de l'office, et on me mit... au charbon. Cela consistait à aller querir chez l'Auvergnat les combustibles variés. Je n'avais qu'un chapeau haut-de-forme pour ces expéditions, et ce devait être un singulier spectacle, lorsque je passais, mon seau à la main, et des fagots sous le bras.

Le *Pacha* et la *Polonaise* ne s'entendaient plus du reste pour confectionner les repas. Il fut convenu qu'ils auraient chacun leur jour. Or, quand c'était la Polonaise qui était de service, le *Pacha* affectait de ne point manger, trouvant tout exécrable ; la *Polonaise*, à son tour, jeûnait, quand le *Pacha* cuisinait. C'était effrayant !

Ce phalanstère finit par se dissoudre sous le poids des dettes. L'association n'est peut-être qu'un vain mot. Si j'ai rappelé ici cet essai de saint-simonisme, c'est qu'une histoire absolument fantastique s'y rattache.

Il y avait un jeune homme, maigre et petit, qui venait nous voir de temps à autre. Quand il voulait déjeuner, il apportait des œufs. Nous l'appelions Camille, parce que — chose inattendue ! — il avait l'habitude au dessert, au café, n'importe où, de déclamer les *Imprécations de Camille*, dès qu'on parlait littérature. Étrange ! étrange ! c'était ainsi !

On lui persuada de venir aux hydropathes réciter ce splendide monologue de Corneille. Camille ne se fit pas prier. Ah ! ce fut une belle soirée ! Avertis par je ne sais qui, les fumistes s'étaient donné rendez-vous, on fit un succès à Camille, on le couvrit de fleurs, on l'ensevelit sous des couronnes. B.....l, le bon blanquiste, n'avait pu assister à ce triomphe, et, le lendemain, par plaisanterie, il se mit à m'invectiver, prétendant que j'aurais dû l'avertir ; une fausse querelle s'ensuivit, en présence de Camille, qui vainement s'interposait.

Bref ! un duel fut résolu, à la suite du mot *bourgeois*, jeté par l'un de nous à la face de l'autre.

Préparatifs du duel — tous les hydropathes étant dans le secret de la mystification, je pris Camille pour témoin et l'on partagea les autres rôles aux différents membres du phalanstère. La Polonaise faisait de la charpie, et, comme elle était assez souvent prise d'un fou rire, elle prétendit que c'était nerveux. On choisit comme arme le pistolet moyen âge à trente pas. Les témoins décidèrent que la rencontre aurait lieu dans les terrains vagues du Luxembourg, ce qui permettait de dater, sans mensonge, notre procès-verbal de la frontière du Luxembourg. Camille objecta bien que les sergents de ville nous arrêteraient, les autres répondirent qu'on se battrait à minuit ; comme il insistait, redoutant que le bruit n'attirât les représentants de l'autorité, on lui cloua la bouche par une savante dissertation sur l'*iodure de liquidium* qui fait partir les pistolets sans aucun fracas.

Bref! pendant que les témoins débattaient les conditions, que la Polonaise effilochait de la charpie, que le *Pacha*, élevé à la dignité de docteur pour la circonstance, se procurait une trousse, et plaçait entre les branches d'une pince une énorme balle préalablement teintée en rouge, le blanquiste et moi, nous tirions à la courte paille à qui, qui, qui serait blessé (nous le chantions même). Le sort tomba sur le plus jeune, c'était moi. Je fis une déchirure à ma chemise, et me teignis la poitrine en rouge, avec un point noirâtre au milieu.

Le duel eut lieu en effet à minuit. On nous plaça. Le signal fut donné, je tirai le premier... On avait mis de la poudre dans le bassinet, et l'étincelle de la pierre (ils étaient à pierre nos moyen âge), y ayant mis le feu, produisit un jet pareil à une chandelle romaine, un jet silencieux — ô iodure de liquidium ! — Naturellement le blanquiste était manqué. Ce fut terrible ! lui me visa longuement : « Mais tirez ! tirez ! » lui criait-on... Il visait toujours ; enfin il tira. Même jet de chandelle romaine coupant la nuit noire... mais je roulai par terre, poussant des cris inarticulés, serrant convulsivement ma poitrine.

— Là ! là ! C'est là, disais-je.

Le Pacha, s'étant jeté sur moi, put extraire la balle dans l'obscurité, la balle de la pince, toute rouge... horreur ! il la montra à Camille effaré.

Je me roulais toujours dans les herbes, puis, fatigué de cet exercice, je pris le parti de m'évanouir. Une centaine d'hydropathes, revenant de Bullier, avaient assisté à ce spectacle, et venaient prêter main-forte pour m'emporter. Je fus presque écharpé.

Les porteurs feignirent la plus grande maladresse, me laissant choir de temps à autre. Camille criait comme un diable : « Faites donc attention ! est-ce qu'on traite un blessé comme cela ? »

On lui fit croire qu'il serait poursuivi. Il alla consulter son oncle, qui était député. Celui-ci, après avoir pris connaissance de l'affaire en détail, se contenta de sourire, en lui disant: « Si l'on te poursuivait, reviens me voir ! » Et l'oncle député murmurait songeur : « Terrains vagues du Luxembourg ! minuit ! pistolets moyen âge ! iodure de liquidium !... »

Cette mystification fut le dernier éclat de rire du phalanstère.

Il y eut bien quelques autres duels plus sérieux ; mais ils n'avaient rien de littéraire, et Corneille n'étant point en cause, je ne les narrerai point, non plus que cette splendide soirée donnée par les hydropathes à Bois-Colombes. cette soirée qu'aucun des assistants ne peut se rappeler sans être pris d'un fou rire. Ce sont choses qui se miment et ne se peuvent écrire.

Comment faire comprendre que les hydropathes, donnant une représentation à Bois-Colombes, on n'a jamais su au profit de qui, manquèrent le dernier train, et demeurés prisonniers dans le théâtre, se mirent à boire. Comment des disputes sans nombre comme sans causes s'élevèrent malgré les efforts du président, lequel, voulant séparer deux combattants, les poussa vers une porte, qui s'ouvrant brusquement en face d'un escalier en spirale, engloutit, vers quelque oubliette, les deux acharnés: ils tombèrent dans l'obscurité sans se faire aucun mal, mais sans parvenir, avant un bon quart d'heure, à se reconnaître. Comment quatorze duels furent apaisés, tandis qu'un énergumène allait perpétuellement examiner sur un calendrier l'heure probable du lever du soleil, afin de tuer à l'aurore un adversaire dont il ne se rappelait plus le nom... Comment l'organisateur de la petite fête fut ignominieusement mis à la porte... Comment Taboureux revint avec un billet de chien, et, débarqué à Paris, voulut à toute force rendre visite à un notaire ami de sa famille, vers 7 heures pour le quart... Folie pure !

N'enfermez jamais cinquante hydropathes dans un théâtre de banlieue, ou du moins ne leur laissez pas manquer le dernier train.

De cette époque déjà si lointaine, j'ai souvenance d'une soirée singulière, où, revenant cravaté de blanc et en habit du salon d'une duchesse — oui, une duchesse, authentique — j'eus l'idée bizarre d'aller dire des vers dans une goguette de la rue Galande, où la dureté des temps avait transformé Maurice Petit ex-organiste aux Invalides en modeste accompagnateur de flonflons. Je faillis d'abord être assommé, puis je devins subitement l'ami de ces gens-là, après avoir chanté en leur compagnie, et bu à leur santé. Antithèse.

Ce fut un moment d'existence bien singulier, trouble, joyeux et sombre. Étant tombé réellement malade, je dus partir à la campagne, vers Fontainebleau, où l'excellent ami Paul Marrot dirigeait je ne sais quelle feuille politique. Là, j'écrasai les microbes, et pus me soustraire à la misère physiologique. Quant à l'anémie budgétaire...

Je montais mélancoliquement un soir la pente de la rue des Martyrs, me rendant au cabaret de la Grand'Pinte où j'espérais me rasséréner un peu en bavardant avec Manet, Desboutins et d'autres. J'étais assis depuis quelques minutes, lorsqu'une bande joyeuse fit son entrée. C'était quelques hydropathes montmartrois : le peintre René Gilbert, le géant Parizel et celui-ci et celui-là ; ils vinrent s'asseoir près de moi. Tout à coup Gilbert me dit, en me désignant un jeune homme, robuste, blond fauve, qui les accompagnait :

— Tu ne connais pas Rodolphe Salis ?

— Non, fis-je. Vous n'êtes jamais venu aux hydropathes.

— Jamais, je faisais de la peinture à Cernay, loin des rumeurs de la ville, répondit l'homme blond.

Et puis, il ajouta :

— Je fonde un cabaret artistique boulevard Rochechouart, 84, voulez-vous assister au dîner d'ouverture ?

— Volontiers, lui dis-je.

C'est ainsi que je fis la connaissance de Rodolphe Salis.

XI

Le peintre Salis. — La parole d'un père. — Fondation du cabaret du *Chat noir.* — Description de l'ancien cabaret du boulevard Rochechouart. — Le journal *le Chat noir.* — Le voyageur A'Kempis. — Clément Privé, et le sonnet *Parce que.* — Willette. — L'*Institut.* — Les séances. — Le tumulte. — *Parce Domine.* — La Mort. — Maurice Rollinat. — Le faux enterrement de Salis. — Roi de Montmartre

Ah ! messeigneurs, gentilshommes de la Butte, manants de la plaine, croquants et tenanciers, arbalétriers, cranequiniers et tous autres, ah ! quel cabaret ce fut dès le début, que celui que fonda Rodolphe Salis !! Tudieu ! ventre-saint-gris ! palsambleu !

Salis était peintre et faisait des chemins de croix à quatorze francs ! Son père, grand liquoriste de Châtellerault, se hâta de le maudire, lui, les beaux arts et les belles-lettres. Messeigneurs ! ce fut un rude coup pour Rodolphe ;

il essaya d'attendrir son père, le père inflexible répliqua :

— Fais du commerce !

En ce temps-là, on commençait à peine à ouvrir des cabarets moyen âge, Renaissance ou Louis XIII. La Grand'Pinte en était le type ; mais là les peintres se réunissaient sans tapage, comme ils l'eussent fait au boulevard. Salis songea à réintroduire le tumulte, la folie haute, et la chanson bardée de fer dans nos mœurs édulcorées. De plus, sachant bien que tous les arts sont frères, il se demanda pourquoi les littérateurs ne viendraient pas s'adjoindre aux peintres, pour leur prêter quelques syllabes volantes, peut-être ornées de rimes sonores.

— Je serai gentilhomme-cabaretier, se dit Salis, peintre encore, mais littérateur aussi et chansonnier. A moi l'avenir !

Et le *Chat noir* était fondé.

Ah ! messeigneurs ! Ce fut une rude époque quand le chat en potence se balança au-dessus de l'huis, boulevard Rochechouart. J'y étais, grand'mère, j'y étais ! On but sérieusement, on chanta à démolir les murailles, et l'aube nous vit sortir de cette inauguration, nobles et hautains, devenus enfin gentilshommes du moyen âge — ah ! non, pas du moyen âge — mais style Louis XIII, le plus pur, comme disait Rodolphe.

Un chat en potence, un chat sur le vitrail, des tables de bois, des sièges carrés, massifs, solides (parfois balistes contre les agresseurs), d'énormes clous, appelés clous de la *Passion* (la *Passion* de qui, ô Louis XIII le plus pur)? des tapisseries étendues le long des murs au-dessus de panneaux diamantés arrachés à de vieux bahuts (que Salis collectionnait dès sa plus tendre enfance), une cheminée haute, dont la destinée sembla plus tard être de ne s'allumer jamais, car elle abrita sous son manteau, et porta sur ses landiers, toute sorte de bibelots : une bassinoire, rutilante comme si Chardin l'eût peinte, une tête de mort authentique (Louis XIII peut-être), des pincettes gigantesques, — un fouillis; mais de fagots, point.

Sur un coin du comptoir, un buste, *la Femme inconnue*, du Louvre, et, au-dessus, une énorme tête de chat, entourée de rayons dorés, comme on en voit dans les églises autour du triangle symbolique. Dans le fond, une seconde salle plus petite, exhaussée de trois marches, avait également à hauteur d'homme sa ceinture de panneaux diamantés soulignant les tapisseries, sur lesquelles les fameux clous de la *Passion* supportaient des fusils à pierre; des glaives inusités, tandis que la haute cheminée — heureusement peu semblable à l'autre — remplaçait les bibelots antiques par une joyeuse attisée bien moderne, que visaient en demi-cercle les pieds des peintres, des sculpteurs, qui vinrent là dès l'abord, et ceux aussi des poètes et des musiciens, qui ne tardèrent pas à surgir — suivant nos traces hydropathesques.

L'ouverture du cabaret eut lieu en décembre 1881. La présence de quelques poètes fit éclore le journal *le Chat noir* en janvier 1882.

C'est là ce qui tira hors de pair immédiatement le cabaret du gentilhomme Salis. Un journal illustré, contenant des vers et des proses, et des annonces, celle-ci entre autres, dans le premier numéro :

LE CHAT NOIR

CABARET LOUIS XIII

Fondé en 1114 par un fumiste.

C'est dans ce premier numéro également

qu'on annonçait le départ du célèbre reporter montmartrois A'Kempis (alias Émile Goudeau) vers les pays étrangers désignés sous le nom d'États-Unis de Paris. L'idée de Montmartre ville libre germait.

Un second explorateur, Jacques Lehardy, partait aussi dans une autre direction. Ce deuxième voyageur n'était autre que le poète Clément Privé, l'auteur de fort jolis vers introuvables, et d'un sonnet que bien des gens s'attribuent.

Il y avait dans ce numéro un dessin de Salis.

Bientôt le succès répondit à ces appels. Les dessinateurs apparurent d'abord : Willette, Pierrot-Willette, ce poète du crayon, l'auteur de chefs-d'œuvre de peinture, tels que *le Parce Domine*, *l'Enterrement de Pierrot*, *le Vitrail* du nouveau *Chat noir*, et d'innombrables dessins pareils à des drames ou à des comédies ; car c'est là le caractère du talent de Willette : une conception abstraite dominant la composition, dont la forme parfaite enveloppe l'idée, la concrétise et la rend poignante : *les Oiseaux meurent les pattes en l'air*, *l'Age d'or*, valent n'importe quel poème. On était déshabitué de penser en regardant les *morceaux* de peinture, Willette, avant tout, veut penser et faire penser. Il est mélancolique le plus souvent, ironiquement triste ; mais parfois une gaieté bouffonne s'empare de lui, ou une verve satirique impitoyable, et alors c'est un maître de rire. Il s'appelle Will, comme Shakspeare.

Tiret-Bognet, Henry Somm, Uzès, Henri Rivière, puis bien plus tard Caran d'Ache et Steinlein furent les fournisseurs attitrés du *Chat noir*. Tiret-Bognet, un humanitaire, un salutiste, soldat de l'armée du salut, triste et doux ; Henry Somm, un japoniste parisiennant, spirituel et gai ; Uzès, satirique, enlevant alertement des silhouettes ; Henry Rivière, macabre, une sorte de Rollinat du crayon, qui jeta maint croque-mort en maint paysage neigeux ; Caran d'Ache, le dessinateur élégant, collet monté, et Steinlein, dessinateur d'oiseaux et de chats, qui trousse aussi les petites femmes.

Et bientôt, des parages de l'Odéon, les poètes et les musiciens prirent le chemin du *Chat noir*. Rollinat, Haraucourt, Lorin, Paul Marrot, Charles Cros, Félicien Champsaur, Armand Masson, Georges Fragerolle, Léo Montancey, etc., etc., etc.

Ce fut une invasion de ces deux arts : la poésie et la musique, dans le sanctuaire de la peinture, dans Montmartre, le pays des arts plastiques. Il y eut, devant le feu allumé dans la petite salle du fond, fusion entre les diverses branches du Beau. Aussi mérita-t-elle bientôt le surnom d'Institut, surnom ironique et gai qui lui resta. L'arrivée des poètes et des musiciens amena l'introduction d'un piano, et peu à peu ce que l'on appela les séances du vendredi. Ce jour-là, vers quatre heures, quand une foule houleuse avait garni les bancs et s'était accoudée sur les tables chargées de verres, on voyait, descendant avec gravité les trois marches de l'Institut, comme si c'eût été les gradins de l'Acropole, ou tout au moins les trois fameuses pierres de Tortoni, on voyait les bons diseurs de sonnets et de ballades, cependant que, par une marche triomphale, quelque symphoniste héroïque accueillait leur venue.

La voix de Salis montait dans la buée des pipes :

— Messeigneurs, du silence, le célèbre poète X... va nous faire entendre un de ces poèmes pour lesquels les couronnes ont été tressées par des nymphes dans les grottes... dans les grottes de Montmartre, la ville sainte.

C'est à peu près de la sorte, partant grandement, et tournant court, ou aboutissant à quelque bonne calembredaine que se meut l'éloquence du gentilhomme-cabaretier Rodolphe Salis.

A ces paroles retentissantes, le silence s'établissait, et le jeune lyrique versait des strophes d'or, d'argent, de cuivre ou de nickel, que payaient largement les applaudissements des dilettanti.

Ce fut bien vite comme une seconde salle d'hydropathes, avec cette différence qu'au lieu d'avoir des étudiants pour auditeurs, c'étaient des peintres, des dessinateurs et des amateurs. La jeunesse y était en majorité ; mais on ne s'y étonnait pas, comme on l'aurait fait au quartier Latin, de l'apparition subite d'une barbe blanche.

Vers les débuts, autant le journal était fantaisiste, bouffon, absurde d'ironisme, autant les poètes étaient graves, choisissant les poésies les plus sombres. Je constate le phénomène sans l'expliquer. Mais bientôt le poète populaire Jules Jouy apparut, ainsi que les chansonniers

Meusy et Mac-Nab, puis Charles Leroy qui suivant les traces d'A. Pothey, imagina la caricature militaire de Ramollot, et ce fut absolument comme aux hydropathes, un mélange — sans doctrine — de gaieté et de sérieux. Ici, dès à présent, je pourrais remettre presque toute la liste des poètes hydropathiques. Sauf Taboureux, demeuré inébranlable sur le rocher du Panthéon, comme un Prométhée enchaîné, tous vinrent là dire leurs vers et les publier dans le journal à côté des poèmes de Willette.

Le rédacteur en chef, Émile Goudeau, avait pour secrétaire de la rédaction Edmond Deschaumes. *L'Hydropathe* était mort, *la Plume* (*la Revue verte*) morte aussi; *le Chat noir*, journal, faisait un héritage sûr, de même que les séances du cabaret héritaient des séances hydropathesques.

Mais l'acclimatation des arts, si près de l'Élysée-Montmartre, ne se fit pas toute seule. D'abord, le propriétaire avait demandé à Rodolphe Salis quel genre de commerce il comptait tenir :

— Oh ! avait répondu le gentilhomme, ce sera un tout petit cabaret-restaurant, pour mes

amis, une quinzaine, des gens bien tranquilles...
Vous verrez ! vous verrez !

Le propriétaire put voir, peut-être ; mais, à coup sûr, il entendit.

Tudieu ! messeigneurs ! Le piano gémissait tout le jour, et le soir, et fort avant dans la nuit ; on chantait en chœur les meilleurs refrains du répertoire populaire, et parfois on s'accompagnait en tapant sur des plateaux de zinc en guise de gongs ! Tudieu ! quel calme !

Parfois, d'horribles souteneurs tentaient de venir s'asseoir parmi nous. Alors, l'expulsion commençait, ils revenaient en nombre, et cela se terminait par quelque formidable bagarre... Il y eut même mort d'homme !

Mais passons à quelque sujet plus gai.

L'édifice — tant Louis XIII fût-il — était long mais étroit. On y tenait difficilement trente, et quand on était seulement une centaine, cela devenait un de ces problèmes bizarres devant l'heureuse solution desquels la science recule épouvantée. Le tassement perpétuel ! La sardine à l'huile !

On n'était séparé d'un horloger voisin que par une cloison facile à abattre. Pourquoi cet industriel ne cédait-il pas son droit au bail ?

Ah ! le pauvre homme ! tombé entre les mains de Sapeck, d'Alphonse Allais et de Louis Décori, il ne tarda pas à se déclarer vaincu.

On recula les bornes du cabaret, et sur la place conquise, sur le mur enfin accaparé, Willette posa sa large toile : *Parce Domine*, qui symbolise d'une saisissante façon la vie gaie à la fois et atroce des troubadours de la poésie et des pierrots Gobe-la-Lune. Voici : du Moulin de la Galette une étrange procession descend vers une rivière infernale, vers un fleuve noir, la Seine, égout collecteur. Jeunes les Pierrots, blanches et roses les Pierrettes, au départ ! Puis, frénétiques adolescents, puis vieillissant sur la pente roide, toujours le verre en main et la chanson aux lèvres, mais portant le deuil de leurs illusions sur leurs faces pâlies, sur leurs vêtements assombris ! Enfin croulants, vieux Pierrot fané, Pierrette à patte d'oie, dans le trou sombre, du suicide sans doute, de la folie peut-être ou de la phtisie, dans l'abîme où des sirènes mornes attendent cette proie, tandis que le Vertueux, dans un cercueil orné de la croix blanche, monte vers le ciel où dansent, alertes et joyeuses éternellement, les étoiles symboliques.

Page triste, avertissement sauvage du poète Willette, qui a l'air de dire aux Villons épars sur les bancs, près des tables du cabaret, aux bohèmes qui lèvent leurs verres et lancent leurs chansons : « Frères ! il faut bifurquer à temps ! »

C'était l'époque où l'idée de la mort le hantait lui-même, au milieu des camarades étincelants de verve audacieuse. Il se complaisait à ouïr les macabres poèmes de Rollinat, les féroces cantilènes plaquées sur les sonnets les plus sombres de Beaudelaire. La mort attire ! Heureusement quelques chansons vibrantes, quelques odes à la Gaieté que nous chantions parfois, chassèrent ces impressions funèbres, dont porte la trace le dessin du numéro 44 (*Chat noir*, samedi 11 novembre 1882).

Ce fut ce mois-là précisément que *le Figaro*, par la plume de Wolff, lança en pleine lumière Maurice Rollinat. Le poète eut son heure de très grand succès; et *les Névroses*, publiées par Charpentier, le consacrèrent définitivement. C'est l'énergique chantre de la lamentation des âmes et des choses. On peut ne pas aisément supporter d'être perpétuellement soumis à cette effroyable torture de contempler la mort face à face, et de toujours plonger son regard dans les orbites creux; mais Rollinat possède l'indéniable puissance de le pouvoir faire, sans tomber dans la folie, et de nous revenir de ce spectacle horrifiant, les cheveux dressés et la face bouleversée, mais la bouche chantant encore.

Nous, plus bizarrement audacieux peut-être dans notre ironie, nous avions joué avec la mort. Afin de forcer certaines gens qui le harcelaient à le laisser tranquille, Salis résolut de se faire passer pour mort. Malgré les supplications de sa famille, ce fut chose décidée, et voici comment ce fut exécuté.

Le journal *le Chat noir* parut encadré de deuil, avec une oraison funèbre sur cet infortuné gentilhomme, qui, au moment du succès, était passé subitement de vie à trépas.

Sur la porte, une pancarte énorme, bordée de noir, portait cette inscription : *Ouvert pour cause de décès*. Rodolphe Salis lui-même représentait la famille, il était le frère du défunt, un frère tellement ressemblant, qu'il en était presque jumeau.

Sur quatre chaises reposait la boîte à violoncelle fournie par Tolbecque, boîte recouverte d'une étoffe noire brodée de larmes d'argent; au-dessus un pain rond en forme de couronne;

quatre cierges allumés; dans un pot d'étain, un peu d'eau et un goupillon. Puis l'ami D... en maître des cérémonies, le jeune peintre S... en religieuse, G... en simple sonneur, agitant l'un contre l'autre deux plateaux métalliques, imitant à s'y méprendre le son des cloches.

Quand quelqu'un entrait, on le priait de s'asseoir, sans faire de bruit. Dès que le cabaret fut plein, les discours commencèrent. Ce fut à qui dauberait sur le mort, on disait pis que pendre de ce cadavre, et Salis, caché derrière le piano, soufflait à l'orateur : Assez ! assez !

Que l'on trouve cela d'un goût douteux, il est certain pourtant que tous ceux qui assistèrent à cette parodie funèbre, s'y sont singulièrement amusés, d'un amusement nerveux, spécial, irritant, comme si, à une noce, après boire, on braillait en chœur quelques *dies iræ* sur un air de carnaval. Les collégiens et les étudiants sont coutumiers de ces plaisanteries lugubres. C'est un privilège de la jeunesse. Or, nous étions jeunes !

Comme moins triste parodie, il y eut l'élévation de Salis au grade de roi de Montmartre. Il dut revêtir un costume en or, des étoffes inouïes, se munir d'un sceptre. Après avoir reçu les hommages des peuples, il s'en alla prendre possession du Moulin de la Galette. Il s'y rendit, cachant ses vêtements royaux sous un ulster, accompagné par des peintres et des poètes armés de hallebarde, qui, tout le long de la butte, à l'ahurissement des populations, criaient : Vive le roi !

Et nous n'allâmes pas au poste.

Il est vrai qu'on chantait de temps à autre *Grévy le Jurassique*, et le *Vive Grévy !* si ironique fût-il, compensait le séditieux : Vive le roi !

On m'en voudra peut-être de conter ces balivernes ; baste ! la vie n'est pas si drôle, pour qu'on ne se souvienne pas des heures où l'on s'est franchement amusé fût-ce aux dépens des affreuses Parques, et de rappeler aux autres qu'eux-mêmes ont eu leurs bons quarts d'heure.

Puis, après tant d'exploits de diverses sortes, je profitai d'une belle occasion pour fuir un peu Montmartre et aller au bord de la mer, mettre en ordre les pièces de vers éparses, qui devaient composer les *Poèmes ironiques*.

XII

Jean Moréas. — Les débutants nouveaux. — *Lutèce.* — Décadents, instrumentistes, symbolistes. — Coup d'œil d'ensemble. — *Le Courrier français.* — Le *nouveau Chat noir.* — Les ombres chinoises. — Berger à Asnières.

A mon retour, je trouvai au *Chat-Noir* un jeune homme à moustache noire, au nez busqué, qui désirait me parler. Il s'appelait Jean Moréas, et venait présenter des vers pour le journal. D'origine grecque, Jean Moréas chantait alors sa patrie. Voici une pièce qui ne faisait pas encore présager le révolutionnaire symboliste, mais qui était d'un poète sans épithète.

ÉPODE

Je chante les étés brûlants, les lourds étés,
Qui font mûrir là-bas, le noir raisin des treilles,
Et s'épanouir les précoces pubertés,
Je chante les étés des Cyclades vermeilles.

Derrière les massifs de pins et de sureaux
Où du portique ancien on voit les astragales,
Couchés dans les blés mûrs, ruminent les taureaux
Aux chants entrecoupés des bavardes cigales.

Tout le long des talus plantés de bouleaux blancs,
Parmi les chardons roux, les lézards en maraude
Scintillent aux rayons des midis accablants,
Comme de fins joyaux de jaspe et d'émeraude.

Dans les vallons riants de l'île Santorin,
Les filles, aux yeux noirs garnis de longues franges,
Par les sentiers perdus où croît le romarin,
Chassent les papillons aux corselets oranges.

Et le fier vagabond à l'œil inquiétant,
Repu des seins cuivrés de lubriques gitanes,
Sur un lit de fougère, au bord du vert étang,
Cherche le doux sommeil à l'ombre des platanes.

Je chante les étés brûlants, les lourds étés
Qui font mûrir, là-bas, le noir raisin des treilles,
Et s'épanouir les précoces pubertés.
Je chante les étés des Cyclades vermeilles.

Jean Moréas, disait ces vers d'une voix chantante avec un fort accent hellénique. Il vint assidûment au *Chat noir* et aux Hydropathes, lors de leur résurrection (de peu de durée).

D'autres encore débutaient, soit sur l'un, soit sur l'autre de ces *chariots de Thespis* de la poésie : c'étaient d'Esparbès, Jean Ajalbert,

Darzens. D'autres jeunes gens tels que René Ghill, F. V. Griffin, Henri de Régnier, Morice, se groupaient dans le quartier Latin, loin des Moulins de la Galette, auprès du vieux Panthéon sacré et du noble Odéon ; un nouveau journal se créait, *Lutèce*. Georges Rall et Léo Trézenick s'improvisaient imprimeurs, compositeurs mêmes, metteurs en pages, correcteurs, pour fabriquer de leurs mains ce recueil. Ils furent un peu agressifs contre les anciens camarades plus ou moins arrivés, et, soit par conviction, soit pour faire pièce aux concurrents, ils allaient redécouvrir Paul Verlaine, que l'injuste sort avait enterré vivant, et mettre en lumière Stéphane Mallarmé, dont le besoin, par exemple, ne se faisait point sentir non plus que celui de l'oublié Raimbaud. Enfin ! Dès lors, de nouveaux chefs étaient trouvés, non point des chefs personnalistes, disant à chacun : Fais à ta guise, pourvu que tu fasses bien ! non, mais la reconstitution des écoles et des chapelles. Les nouveaux venus se rallièrent autour du maître Verlaine, ou du chef Mallarmé, et de là devaient sortir les *décadents* (dont les *déliquescents* ne sont que les parodistes), les *symbolistes* et les *instrumentistes*. La très amusante parodie d'Adoré Floupette (Henry Beauclair et le poète, Gabriel Vicaire) (1), le petit opuscule intitulé *les Déliquescences,* fut remarqué par Paul Arène, qui en parla longuement dans *Gil Blas.* Cela fit connaître les jeunes décadents. Durant la décadence romaine, il y eut de petits poètes *poetæ minores,* qui usèrent et abusèrent des rythmes, des allitérations, des jeux de phrases, des contournements, tel Claudien, par exemple. Quelques poètes parnassiens, les tenant en grande estime, se comparaient à eux. De plus, le mot *décadence* implique, outre l'affectation dans le style, un certain désordre dans le fond, mélange hybride des vieilles religions et des mœurs raffinées; c'était cela aussi que visaient les décadents; un sadisme particulier où l'encens catholique se subodore dans des lieux infâmes, et où le sanctuaire a des relents de poudre de riz ou même d'eaux de cuvette.

Paul Verlaine, lui, est un vrai décadent. Mais les autres, plus mystiques encore, s'éloignèrent à travers la forêt grammaticale, et prenant à la musique son vague et sa puissance,

(1) Gabriel Vicaire vient d'obtenir le prix pour la cantate officielle de 1889.

ils la transportaient dans l'ampleur des phrases, dans la modulation des rythmes, dans l'agencement des mots considérés comme de simples notes dans une partition, comme des timbres dans un orchestre, sans qu'ils aient à correspondre à n'importe quelle idée précise autre que le son. C'était Stéphane Mallarmé et son fidèle disciple René Ghill, qui écrivit : *Légendes d'âmes et de sang*.

Puis, voici les symbolistes. Le verbe n'est pas seulement un son, c'est un symbole, et la phrase, — pas la phrase peut-être, — le jet est composé de verbe ; le jet des verbes est symbole ; il faut donner sinon la compréhension, au moins l'appréhension des choses intangibles, à peine vues, qui s'en vont vite, loin. C'est, si j'ai compris, le système de Moréas et de G. Kahn. Et, sur les ruines de *Lutèce* (le journal, hé là, pas d'erreur !), ils se battent, ils se sont battus plutôt, car, aujourd'hui, *la Revue indépendante*, organe des symbolistes, est le seul qui reste de cette fuligineuse mêlée. Là, le talent abonde. Après les exagérations permises, cette école, comme toutes les écoles éprises d'art, fournira son œuvre. Je le souhaite sincèrement.

Et, pendant ce temps, nous autres, leurs aînés? Richepin a écrit des volumes de prose et de vers et fait jouer un drame en prose, un drame en vers, une comédie en vers, un opéra-comique. Maurice Bouchor, après avoir longtemps été infidèle à la poésie pour courtiser la musique (oh! bigamie!), vient de faire paraître un volume de vers intitulés *Symboles*, qui donne une synthèse des cultes anciens et nouveaux, éclos sur le terrain persistant de l'Idéal. Paul Bourget a dit adieu aux vers et à la critique, c'est le romancier à la mode, qui a pu transporter, sans dommage, la psychologie du critique dans le domaine vivant, et la faire accepter des foules. Maupassant tient la gloire par le bon bout. Raoul Ponchon a quitté sa tour d'ivoire et parle en vers chaque semaine aux lecteurs du *Courrier français*, ce recueil où Willette pose tantôt sa griffe, tantôt sa patte de velours, ayant pour compagnons Henri Pille, Heidbrinck, Uzès, Lunel, Forain, tandis que Jean Lorrain, le raffiné poète des *Modernités*, y jabote en jabot de dentelles, que Mermeix y secoue le fouet de la satire, que Roger-Milès, directeur du *Monde poétique*, un recueil de haute valeur et Mauvrac s'y donnent la réplique sous l'œil sévère de Jules Roques. Maurice Rollinat publie tantôt des vers, tantôt des chants. Haraucourt vient de donner un roman, *les Amis;* Paul Marrot, une série de poèmes philosophiques. Georges Moynet a publié un roman d'études très poussé, *Zonzon.* Champsaur écrit des ballets, Edmond Deschaumes ressuscite Gambetta, Charles Cros jette çà et là quelques pièces de vers.

Il y a des disparus, il y a des gens qui se reposent. La vie quasi océanique de Paris grouille toujours, marée turbulente, parfois tempête.

Et Salis, lui, a sollicité les suffrages de ses concitoyens en deux circonstances mémorables, par des affiches jaunes restées célèbres : Voici l'une de ses stupéfiantes affiches :

ÉLECTIONS MUNICIPALES DU 4 MAI 188 .

XVIII° ARRONDISSEMENT — QUARTIER MONTMARTRE

ÉLECTEURS,

Qu'est-ce que Montmartre ? — Rien !
Que doit-il être ? — Tout !
Le jour est enfin venu où Montmartre peut et doit revendiquer ses droits d'autonomie contre le restant de Paris.

En effet, dans sa fréquentation avec ce qu'on est convenu d'appeler la capitale, Montmartre n'a rien à gagner que des charges et des humiliations.

Montmartre est assez riche de finances, d'art et d'esprit pour vivre de sa vie propre.

Électeurs !

Il n'y a pas d'erreur !

Faisons claquer au vent de l'indépendance le noble drapeau de Montmartre.

« La Butte, » cette mamelle où s'allaitent la Fantaisie, la Science et tous les Arts vraiment français, avait déjà son organe : « le Chat Noir. » A partir d'aujourd'hui, elle doit avoir son représentant, un représentant digne de ce nom.

RODOLPHE SALIS, qui, depuis trois ans, dirige, avec l'autorité que l'on sait, le Journal qui est la joie de Montmartre, nous a paru apte à cette mission.

Montmartre mérite d'être mieux qu'un arrondissement.

Il doit être une cité libre et fière.

Aussi notre programme sera-t-il court et simple :

1° La séparation de Montmartre et de l'État ;

2° La nomination par les Monmartrois d'un Conseil Municipal et d'un Maire de la Cité Nouvelle ;

3° L'abolition de l'octroi pour l'arrondissement, et le remplacement de cette taxe vexatoire par un impôt sur la Loterie, réorganisée sous la régie de Montmartre, qui permettrait à notre quartier de subvenir à ses besoins et d'aider les dix-neuf arrondissements mercantiles ou misérables de Paris ;

4° La protection de l'alimentation publique. La protection des ouvriers nationaux.

Le Comité :

WILLETTE (Pierrot), 20, rue Véron.
POUSSARD (R. P. La Cayorne), 84, boulevard Rochechouart.
CHOUBRAQUE, rue Ramey, 38.
LEFÈVRE, rue Ramey, 38.
MARION, 26, rue Letort.
MARCEL-LEGAY, 92, boulevard de Clichy.
GERAULT-RICHARD, 44, rue des Abbesses.
DE SIVRY, 82, rue des Martyrs.
CATTELAIN (Ph.), 27, rue du Ruisseau.
RANDON, 82, rue des Martyrs.
COQUELIN (cadet), 84, boulevard Rochechouart.
JOUY (Jules)   —   —
ALLAIS (Alphonse)   —   —
LEROY (Ch.), homme de lettres, 23, boulevard Barbès.

Vu et Approuvé : RODOLPHE SALIS.

ÉLECTEURS,

Ce programme sera défendu avec une énergie farouche. — Je suis de ceux qui meurent plutôt que de se rendre.

Si je descends dans l'arène, vous jugerez si ma devise, SÉRIEUX QUAND MÊME, est justifiée.

Électeurs, pas d'abstention. La postérité nous attend.

Vive Montmartre !

Rodolphe SALIS,
84, boulevard Rochechouart,
*Candidat des Revendications littéraires,
artistiques et sociales.*

Aujourd'hui, ayant transporté son *Chat noir*

rue Victor-Massé (ancienne rue de Laval), il a inauguré un nouveau genre : le théâtre d'ombres chinoises.

C'est amusant et très artistique ; c'est signé tantôt Caran d'Ache, tantôt Willette ou Rivière, Somm ou Sahib.

Dans ce décor de la rue Victor-Massé (ancienne rue de Laval), des poètes, tels que le philosophe humoriste Paul Marrot, tels que le chansonnier épiquement militaire Ogier d'Ivry; tels que Jean Rameau, l'auteur acclamé du poème *la Vie et la Mort*, Jean Floux, un très parisien, Armand Masson et d'autres jeunes et ardents, nous ayant succédé, emplissent les entr'actes des féeriques ombres chinoises. Ce sont des odes guerrières qui suivent des chansons d'amour ou des envolées dans le bleu. Les rimes sonnent, surtout lorsque Georges Fragerolle, y ayant apposé des musiques, les lance de sa voix merveilleuse. Je tire de son recueil, intitulé *Chansons de France*, celle-ci, dont les paroles sont de Paul Marrot :

> Les soldats, sur la grande route,
> Vont vers une autre garnison :
> Il fait beau, l'on a pris la goutte ;
> Le soleil monte à l'horizon.

Le pli de la tunique flotte
Au vent matineux du printemps,
Et le soldat, dans sa capote,
Rêve à la liberté des champs.

Adieu, guérites et chambrées,
A lui, le plein ciel aujourd'hui ;
Mais d'autres casernes carrées
Sont encor là-bas devant lui.
En attendant les jours de garde,
En plein air il jette ses chants ;
Toute son âme campagnarde
Vibre à la liberté des champs.

Il voit, renversés sur les terres,
Des socs tout pareils à son soc,
Et, sur les clochers solitaires,
Tous les coqs ont l'air de son coq.
Au sommet des meules tassées,
Ce sont mêmes soleils couchants ;
C'est le soir! toutes ses pensées
Sont à la liberté des champs,

L'étape est souvent peu prodigue,
Le bivouac un sacré séjour ;
Et l'on a bien de la fatigue
Pour apprendre à se battre un jour....
Serons-nous, la face meurtrie
Courbés par les canons fauchants?....
En avant! c'est pour la Patrie,
Et pour la liberté des Champs.

J'en voudrais citer d'autres, ainsi que certaines poésies de haute allure ; mais il faut que je parle des chansonniers à la verve légère et satirique, qui n'en sont pas moins des philosophes parisiens à leur manière : Jules Jouy, Meusy et Mac-Nab. Meusy est un parodiste des grandes phrases; de lui ce refrain sentimental :

> Fromage ! Poésie !
> Espoir de nos repas,
> Que deviendrait la vie,
> Si l'on ne t'avait pas?

Jules Jouy a le macabre gai, tandis que Mac-Nab a la gaieté funèbre. C'est une amusante transposition. Voici deux chansons qui indiquent le ton :

LES GARDIENS DE LA PAIX

Sur l'air des *Canards*

Par Jules Jouy.

Quand les sergots s'en vont par un,
C'est qu'ils n'sont pas avec quelqu'un ;
Pour mieux inspecter, pour mieux voir,
A la mêm' place jusqu'au soir,
I's restent plantés su' l'trottoir.
Tralalalala ! Tralalalala !

Refrain :

Paix ! paix ! paix ! paix !
Voilà les gardiens de la paix !
Troulalaïtou, latroulalaïtou, latroulalaïtou, latroulala !

Paix! paix! paix! paix!
Voilà les gardiens de la paix,
Troulalaïtou, latroulalaïtou, latrou....
Circulez !

Quand les sergots s'en vont par deux,
C'est qu'ils ont à causer entre eux;
L'un dit : « Moi j'suis pour Victor. »
L'autre dit : « Moi je suis pour Chambord,
« C'est regrettable qu'il soit mort. »
Troulalala (*refrain*)

Quand les sergots s'en vont par trois,
I'sont habillés en bourgeois,
Et ça les déguis'si tell'ment,
Que sous ce nouveau vêtement,
On les r'connaît immédiat'ment.

Et cela continue : *Quand les sergots s'en vont par quatre, c'est pour mieux voir les poivrots se battre, etc.; Quand les sergots s'en vont par cinq, c'est pour prendre des petits verres sur le zinc! etc.*

Quand les sergots s'en vont par six
L'bourgeois s'dit : « C'est des anarchiss !
« Qu'est-c'qui va s'passer, Dieu du ciel !
« V'là c'te vieill' foll' de Louis' Michel
« Qui va r'monter sur son échell' ! »

Quand les sergots s'en vont en tas
C'est qu'ça leur plaît, ça n'vous r'garde pas,
Dans la rue n'mettez pas les pieds

> Car pour fair' peur aux émeutiers,
> l'tapent sur la tête des rentiers.
>> Troulala, etc.
>> Circulez

Mac-Nab a conquis ses galons de chansonnier avec le *Bal de l'Hôtel-de-Ville*, une peinture un peu poussée.

> J'arrive à la porte du bal
> J'vois des gens qu'on salue,
> C'est tout' le conseil municipal,
> Debout en grand' tenue :
>> Des complets marrons
>> Et des chapeaux ronds,
> Dam'! C'est pas d'la p'tite bière ;
>> Tous ces gaillards-là,
>> Ils ont pigé ça
>> A la bell' Jardinière.

Le sérieux de ce Mac-Nab est impayable. Le poète Albert Tinchant, auteur des *Sérénités*, accompagne au piano, à moins qu'il ne remplace le baron B.... à la grosse caisse, chargée de souligner *fortissimo* les refrains ; de plus il est le secrétaire du journal, *le Chat noir*, dont Alphonse Allais est l'humoristique rédacteur en chef. — N. B. Alphonse Allais ressemble à un clergyman.

C'est un spectacle gai, macabre, doux et

guerrier à la fois, c'est un complet (mais pas de la Belle-Jardinière, heureusement).

Il faut que les bohèmes se succèdent et ne se ressemblent pas ; une génération a la bohème joviale, la suivante l'a triste ; j'ai comme une idée que les jeunes bohèmes futurs seront de plus en plus pessimistes : ils ont peut-être raison.

Mais nous avons bien ri, je vous jure ; et lorsque, étant devenu colon, à Asnières, avec un authentique chien gardeur de troupeaux, berger sans brebis sur les bords de la Seine, je me promène, j'y songe parfois, et je ris encore.

Ça ne m'empêche pas d'être pessimiste à ma façon, en constatant combien la vie réelle ressemble peu au rêve qu'on faisait à vingt ans. Cela me rend peu à peu sérieux comme un préfet dégommé, et c'est pourquoi je mets ici un point bien final à DIX ANS DE BOHÈME.

FIN

TABLE DES MATIÈRES

I

Moi, l'auteur, je ou *nous.* — L'hôtel aux fausses truffes. — Les Finances de l'État. — Francisque Sarcey. — Le café-forum. — *La Renaissance* d'Emile Blémont. — La poésie de Paris.................................... 1

II

Projet de journal pour les *jeunes.* — Les autographes de V. Hugo. — Adelphe Froger, *la République des Lettres.* — Le *Sherry-Cobbler.* — Quelques chansons. — Les *Vivants*............................... 16

III

Maurice Bouchor : *Les Chansons joyeuses.* — Jean Richepin : *La Chanson des Gueux.* — Le Restaurant turco-grec. — Paul Bourget : La Vie inquiète, *Edel.* — Les Haïtiens, Raoul Ponchon, l'illustre Sapeck... 35

IV

Emile Zola, *l'Assommoir* et le substitut. — Une lecture chez Mounet-Sully. — Le compatriote Saint-Germain. — Brasserie Racine. — Le modèle de Cabanel. — Georges Lorin et Maurice Rollinat. — Le scénario d'un drame. — Le jeu, les *grecs*. — Une affaire diplomatique arrangée...................... 70

V

Le désert. — Fumisme et ministère. — Le sourd par persuasion. — Éloge de la blague. — Thamar. — Guy Tomel. — La fête de Nina. — Article nécrologique. — Souvenirs de la rue des Moines : les drames comiques de Villiers de l'Isle-Adam 93

VI

Charles Cros : *Le Coffret de Santal*. — L'inventeur. — Les monologues. — André Gill : *la Muse à Bibi*. — La recherche de l'éditeur. — *Les Fleurs du Bitume*. 123

VII

L'inspiratrice musique. — Le concert Besselièvre : *Hydropathen-valss* de Gungl' — Un surnom tenace. — Explication canadienne. — La Rive gauche. — 5 octobre 1878. — 11 octobre 1878 — Les hydropathes. Les séances. — La colère des buveurs. — La police : quarts-d'œil et quarts d'oreille. — M. Andrieux, préfet de police. — Des femmes artistes................ 145

VIII

Les séances des *Hydropathes*. — Les poètes diseurs.
— Les jeunes acteurs. — Dénombrement quasi-homérique. — A moi le Bottin! — Hydropathesques chansons. — Les chants populaires. — Proclamons les principes de l'art!...................................... 174

IX

Oh! l'argent! — Francisque Sarcey et Jules Claretie. — *L'Étudiant* de F. Champsaur. — Les *Écoles*. — *Le Molière* de Georges Berry. — Un enterrement d'huissier. — *La Revue moderne et naturaliste* : Harry Alis et Guy Tomel. — Débuts variés. — *L'Hydropathe* : Paul Vivien. — Binettes et sonnets. — *Tout-Paris*. — Une soirée qui ne ressemble pas au supplice du pal................................... 205

X

Le journal *le Globe*. — *La Revanche des Bêtes*. — *Le Figaro*. — La Société protectrice des animaux. — Les conférences. — Le phalanstère. — Les imprécations de Camille. — Le duel à *iodure de liquidium*. — Fête à Bois-Colombes. — La rencontre de *Rodolphe* Salis................................... 241

XI

Le peintre Salis. — La parole d'un père. — Fondation du cabaret du *Chat noir*. — Description de l'ancien cabaret du boulevard Rochechouart. — Le journal *le*

Chat noir. — Le voyageur A'Kempis. — Clément Privé, et le sonnet *Parce que*. — Willette. — L'Institut. — Les séances. — Le tumulte. — *Parce Domine*. — La Mort. — Maurice Rollinat. — Le faux enterrement de Salis. — Roi de Montmartre........ 253

XII

Jean Moréas. — Les débutants nouveaux. — *Lutèce*. — Décadents, instrumentistes, symbolistes. — Coup d'œil d'ensemble. — *Le Courrier français*. — Le nouveau *Chat noir*. — Les ombres chinoises. — Berger à Asnières............................... 268

www.ingramcontent.com/pod-product-compliance
Lightning Source LLC
Chambersburg PA
CBHW070821170426
43200CB00007B/862